视频号掘金

获取微信生态红利的新玩法

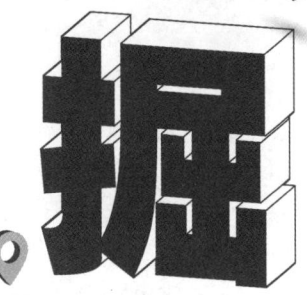

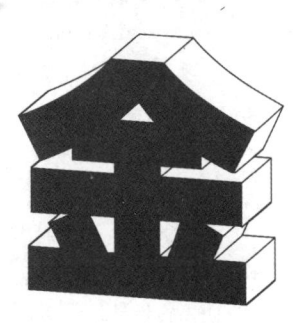

白玉珊 著

电子工业出版社
Publishing House of Electronics Industry
北京·BEIJING

内 容 简 介

本书分为 3 篇，共 8 章（8 个步骤）。如果你按照这 8 个步骤实践，那么即便只有一个人、一部手机也能打造出有特色、能变现的视频号。

准备篇教你做好视频号运营的准备工作（了解视频号的优势及基础功能，运用变现思维定位，把视频号装修得有特色、有美感）。创作篇教你创作视频（"小白"也能轻松地学会写脚本、拍视频、剪辑视频的方法）。酒香也怕巷子深，运营篇教你把视频推广出去并成功变现（怎么获取更多流量、怎么通过视频+公众号+直播+小商店变现）。

本书适用于想用低成本获取流量、打造品牌、进行商业变现的所有个人及中小企业，也适用于对视频号感兴趣、想要学习和了解短视频的新手，还适用于想要提高运营效率、获取灵感的短视频从业者。

未经许可，不得以任何方式复制或抄袭本书之部分或全部内容。
版权所有，侵权必究。

图书在版编目（CIP）数据

视频号掘金：获取微信生态红利的新玩法 / 白玉珊著. —北京：电子工业出版社，2021.1
ISBN 978-7-121-39994-7

Ⅰ. ①视… Ⅱ. ①白… Ⅲ. ①网络营销 Ⅳ. ①F713.365.2

中国版本图书馆 CIP 数据核字（2020）第 234400 号

责任编辑：石　悦
印　　刷：三河市君旺印务有限公司
装　　订：三河市君旺印务有限公司
出版发行：电子工业出版社
　　　　　北京市海淀区万寿路 173 信箱　　邮编：100036
开　　本：720×1000　1/16　印张：17.5　字数：336 千字
版　　次：2021 年 1 月第 1 版
印　　次：2021 年 1 月第 1 次印刷
定　　价：69.00 元

凡所购买电子工业出版社图书有缺损问题，请向购买书店调换。若书店售缺，请与本社发行部联系，联系及邮购电话：(010) 88254888，88258888。
质量投诉请发邮件至 zlts@phei.com.cn，盗版侵权举报请发邮件至 dbqq@phei.com.cn。
本书咨询联系方式：(010) 51260888-819，faq@phei.com.cn。

前　言

2020年3月1日，我开通了微信视频号。以前只待在幕后的我，在视频号上找到了自己的舞台。

三年多视频策划、两年多品牌推广、一年多视频制作的实战经验，让我在"小技巧"方面有一些自己的心得体会。

所以，我在视频号上专门输出实用的视频号知识，而且是你在看完后就能立刻实践的技巧。这样的内容得到了很多视频号创作者的认可，对他们的帮助很大。

但在短视频中分享的知识不成体系，除了一个个的技巧，视频号创作者们更需要系统地提高自己的能力。很多内容领域的专家们都发现了这个需求，于是推出了几百元，甚至上千元的视频号运营课程，获得了很多红利。

这时，一个问题摆在我的面前，是先做课程还是先写书？我决定先写书，让大家用最低的成本，获得全面和有价值的内容。

可是要想达到这样的目标，只靠以前的经验是不够的。所以，我除了自己做视频号运营，每天还会研究10多个视频号、拆解3个"爆款"视频。同时，我也辅导了200多个学员，找到了他们遇到的共性问题。

过往的短视频运营经验+自己做视频号运营的收获+研究别人的账号和"爆款"视频+1对1指导视频号创作者，让我有足够的自信写好本书。

本书有三大特点：

1. 让你用一部手机就能打造有特色、能变现的视频号

视频号应该成为每个人的舞台，这是我写本书的初衷。你不会拍摄？没关系，有一部带有摄像头的手机就够了。你不会写脚本？没关系，有一部能打字、能上网的手机就够了。你不会剪辑视频、设计封面？没关系，有一部能下载 App 的手机就够了。

2. 干货知识搭配实战练习

本书为每一个知识点都配备了实战练习，希望你在学习后立刻思考、实践，因为这样会让你成长得最快。当你看完本书并完成所有实战练习时，你的视频号内容就基本上成型了。

3. 从变现出发

与其他平台相比，视频号最强大的就是变现能力。在流量方面，视频号既有私域流量也有公域流量；在受众方面，利用视频号既能与小镇青年互动，也能触及高收入人群；在功能方面，视频号可以实现视频+公众号+直播+小商店的"四大金刚"组合，谁与争锋。

本书会指导你从视频号定位开始就想清楚自己为什么做视频号运营、希望通过什么方式变现，然后确定做什么样的内容，再通过高品质的视频、精细化的运营、巧妙的变现路径设计来实现视频号的用户增长和变现。

你可以关注"博文视点 Broadview"公众号，回复 39994 观看本书中的视频案例。

白玉姗

2020 年 9 月

目 录

准 备 篇

第 1 章 想抓住红利，先全面了解 / 3

1.1 微信视频号带来了绝佳的变现机会 / 3
    1.1.1 这是短视频的时代 / 3
    1.1.2 视频号是腾讯的战略级产品 / 4
    1.1.3 基于社交的推荐机制 / 7

1.2 为什么每个人都应该做视频号运营 / 10
    1.2.1 新晋的内容创作者 / 10
    1.2.2 有一定积累的内容创作者 / 10
    1.2.3 从没想过要靠内容赚钱的普通人 / 12
    1.2.4 人力和财力都有限的中小企业 / 13

1.3 怎么抓住机会 / 14
    1.3.1 动手和动脑同时进行 / 14
    1.3.2 不断地试错并坚持 / 14
    1.3.3 不要闭门造车 / 16

1.4 视频号创作者的基础操作 / 17
    1.4.1 创建视频号 / 17
    1.4.2 发布视频 / 20

   1.4.3 微信小商店的开通及使用方法 / 23

   1.4.4 视频号直播功能的开通及使用方法 / 31

   1.4.5 视频号助手的功能及使用方法 / 33

 1.5 视频号的发布规则 / 35

 1.6 视频号用户的基础操作 / 37

第 2 章 从定位开始，为变现布局 / 43

 2.1 定位六步走 / 43

 2.2 一定要避开的四大"坑" / 44

   2.2.1 想到什么发布什么 / 44

   2.2.2 定位太宽 / 44

   2.2.3 定位太窄 / 45

   2.2.4 禁不住诱惑导致定位混乱 / 46

 2.3 用三个方法找到视频号定位的大方向 / 48

   2.3.1 从职业定位中找方向 / 48

   2.3.2 从自身优势中找方向 / 48

   2.3.3 从兴趣爱好中找方向 / 51

 2.4 竞品分析 / 53

   2.4.1 找到竞品 / 53

   2.4.2 拆解分析 / 54

 2.5 明确目的 / 59

 2.6 运营的主要目的是流量变现，应该怎么找到定位 / 59

 2.7 运营的主要目的是信任感变现，应该怎么找到定位 / 61

   2.7.1 视频号是打造个人品牌的最好平台 / 61

   2.7.2 找到你的独特优势 / 62

   2.7.3 找到你的特质标签 / 64

   2.7.4 视频号的内容定位 / 66

   2.7.5 视频号的展现形式 / 67

 2.8 不断尝试 / 69

第 3 章　用"精装修"留下完美的第一印象　/　72

3.1　如何起一个好名字　/　72
3.1.1　从做视频号运营的目的出发　/　72
3.1.2　怎么为博主号/企业号起名　/　73
3.1.3　为自媒体号起名的五个套路　/　74

3.2　视频号的简介怎么写　/　76
3.2.1　好的简介遵循两个原则　/　76
3.2.2　简介的四种写法　/　76
3.2.3　不会写就要学会"模仿"　/　77

3.3　提高视频号颜值之头像篇　/　79
3.3.1　头像的选取法则　/　79
3.3.2　用手机就能设计头像 Logo　/　80

3.4　提高视频号颜值之封面篇　/　81
3.4.1　好封面的标准　/　82
3.4.2　用手机设计出有高级感封面的方法　/　84

3.5　最高级的装修是"加 V"　/　93
3.5.1　兴趣认证　/　93
3.5.2　职业认证　/　97
3.5.3　企业和机构认证　/　99
3.5.4　是选择个人认证还是选择企业和机构认证　/　100

创 作 篇

第 4 章　想要做出"爆款",脚本是关键　/　103

4.1　为什么要写脚本　/　103
4.1.1　脚本的分类　/　103
4.1.2　写脚本的步骤　/　104

4.2　有了好选题就成功了一半　/　106
4.2.1　如何源源不断地获得选题　/　106

  4.2.2 巧妙地抓热点借势起量 / 107
  4.2.3 借鉴同行的"爆款" / 111
  4.2.4 用系列选题弥补短视频的缺点 / 112
4.3 轻松套用三个框架公式 / 113
  4.3.1 并列式框架 / 114
  4.3.2 总分总式框架 / 114
  4.3.3 递进式框架 / 115
4.4 你需要一个强大的素材库 / 116
  4.4.1 拆解"爆款"获取素材 / 116
  4.4.2 日常的碎片收集 / 119
  4.4.3 固定主题收集 / 123
  4.4.4 素材库的分类 / 124
  4.4.5 如何运用素材 / 125
4.5 引人入胜的开头 / 126
  4.5.1 用断言法营造权威感 / 126
  4.5.2 用提问法吸引观众的注意力 / 127
  4.5.3 用悬念法勾起好奇心 / 128
4.6 引发互动的结尾 / 130
  4.6.1 用总结法引发收藏或关注 / 130
  4.6.2 用金句法引发点赞和转发 / 131
  4.6.3 用提问法引发评论 / 131
4.7 主体内容要具备的四个特点 / 132
  4.7.1 简单：让观众领悟到核心 / 133
  4.7.2 意外：让观众全身心地投入 / 134
  4.7.3 具体：让观众理解并记住 / 135
  4.7.4 共鸣：让观众行动或传播 / 136
4.8 视频标题的展示和写作技巧 / 137
  4.8.1 在哪里展示视频标题 / 137
  4.8.2 掌握这三个写标题的技巧就够了 / 139

4.9 好脚本是改出来的 / 141

    4.9.1 自我审视 / 141

    4.9.2 交流请教 / 142

    4.9.3 逐步修改 / 142

第 5 章 拍摄是一门大学问，掌握这些就够用 / 144

5.1 手机拍摄的最佳拍档 / 144

    5.1.1 用三脚架解放双手 / 144

    5.1.2 用稳定器避免晃动 / 145

    5.1.3 用补光灯提高画面质量 / 146

5.2 花几十元搞定收音问题 / 146

    5.2.1 外拍 / 147

    5.2.2 采访 / 148

    5.2.3 解说 / 148

    5.2.4 旁白 / 148

    5.2.5 多场景 / 149

5.3 演说类视频的拍摄技巧 / 149

    5.3.1 这招让你不用背稿还有镜头感 / 150

    5.3.2 想要画面更有空间感就这么布景 / 151

    5.3.3 两种超级简单的构图方法 / 153

5.4 场景类视频的拍摄技巧 / 154

    5.4.1 三种常见的手机拍摄功能 / 154

    5.4.2 运镜技巧 / 159

    5.4.3 有节奏感的视频更吸引人 / 160

第 6 章 用对了方法，剪辑就会很轻松 / 162

6.1 超好用的剪辑软件 / 162

6.2 用手机剪出大片 / 164

    6.2.1 只用这三个基础操作也能做出"爆款" / 164

    6.2.2 搞定画面背景和宽高比 / 173

    6.2.3 如何添加封面 / 179

6.2.4　用 10 秒搞定片头和片尾　/　181

6.2.5　怎么把图片做成视频　/　181

6.3　不想拍视频怎么做视频　/　183

6.3.1　手绘视频　/　183

6.3.2　文字动画　/　187

6.3.3　运用视频或图片素材　/　189

6.3.4　录屏　/　191

运营篇

第 7 章　可复制的增长路径　/　195

7.1　视频号如何冷启动　/　195

7.1.1　推广对于视频号格外重要　/　195

7.1.2　内容吸引　/　196

7.1.3　抱团取暖　/　197

7.1.4　资源互换　/　200

7.1.5　付费推广　/　202

7.2　视频号的持续运营　/　203

7.2.1　铁杆粉丝的意义　/　203

7.2.2　从 0 开始搭建社群　/　204

7.3　视频的发布技巧　/　207

7.3.1　发布时间　/　207

7.3.2　发布频次　/　208

7.3.3　填写发布信息　/　209

7.4　如何让你的视频全屏展示　/　212

7.4.1　画面配合文字来"霸屏"　/　212

7.4.2　评论的排序和展示规则　/　215

7.5　如何提高点赞率　/　218

7.5.1　从内容方面优化　/　218

7.5.2　在结尾用话术引导　/　219

7.5.3　在视频中巧妙地提示　/　220

7.5.4　用好私域流量　/　221

7.6　如何提高评论率　/　221

7.6.1　引爆评论区套路之打出表情包　/　222

7.6.2　引爆评论区套路之打出文字　/　223

7.6.3　引爆评论区套路之交个朋友　/　227

7.7　如何更快涨粉　/　228

7.7.1　在视频画面中添加 Slogan　/　229

7.7.2　在视频结尾处添加引导关注的话术　/　229

7.7.3　在文字描述部分引导关注　/　230

7.7.4　在评论区互关　/　232

7.8　视频号和公众号的组合打法　/　234

7.8.1　视频号和公众号如何配合变现　/　234

7.8.2　用视频号为公众号引流　/　234

7.8.3　用公众号为视频号引流　/　236

7.9　运营数据分析　/　237

7.9.1　基础数据　/　237

7.9.2　关联指标　/　238

7.10　避免违规　/　242

第 8 章　变现路径这么多，总有一条适合你　/　245

8.1　知识付费变现　/　245

8.1.1　如何通过知识付费变现　/　245

8.1.2　系列课程怎么设计　/　247

8.1.3　付费文章　/　250

8.2　带货变现　/　253

8.2.1　视频号+公众号带货　/　253

8.2.2　直播+小商店带货　/　256

8.2.3　视频+小商店带货　/　257

8.2.4　视频+私信带货　/　262

8.3　广告变现　/　263

8.4　佣金变现　/　264

8.5　运营视频号的心态　/　265

　　8.5.1　开通视频号太晚很焦虑　/　265

　　8.5.2　流量不大，坚持不下去　/　266

　　8.5.3　粉丝数增长慢，没有信心了　/　267

准备篇

第1章
想抓住红利，先全面了解

1.1 微信视频号带来了绝佳的变现机会

各行各业的发展都需要流量，所以一直以来，流量在哪里，变现的机会就在哪里。

在移动互联网时代，微博成就了一批人，微信公众号成就了一批人，抖音、快手、哔哩哔哩（B站）成就了一批人。很遗憾，我没能成为这些人中的一个，正在看本书的你可能也是这样的。值得庆幸的是，每隔几年就会有新的机会出现，2020年，我们等到了微信视频号（简称视频号）。

视频号为个体崛起、中小企业逆势增长带来了绝佳的机会。为什么这么说？

首先，这是短视频的时代，短视频行业虽然已经发展到成熟阶段，但是依然有很大的红利；其次，视频号不是一般的短视频产品，是腾讯的战略级产品，背靠11亿个用户，联通了直播、微信小商店、朋友圈、微信公众号、个人微信号、社群，拥有超级流量；最后，视频号的"游戏规则"决定了人人都有机会。

接下来，我对这三点逐一介绍。

1.1.1 这是短视频的时代

每天刷短视频，已经成为很多人生活的一部分，而且这件事不分年龄、不分场景，他们都在用短视频调剂着生活。根据极光大数据分析，截至2020年3月，短视频行业的月活跃用户超过8亿人。

1. 短视频为什么这么火？我认为有以下三个原因。

（1）很多人都有表达欲望，而与文章等形式相比，短视频的创作门槛低。我们在生活中随手一拍就可以创作一个作品，随手一发就有了自己的观众和舞台。

（2）短视频能够在 15 秒~3 分钟进行完整的表达，在这个碎片化的时代，短内容更能吸引眼球，而且在观看体验上比图文更好，在内容上也更多样化。

（3）技术的进步。现在，手机的拍摄效果更好，网速更快，互联网的覆盖更广，视频类应用的种类更加丰富。不论是硬件方面还是软件方面，都在促进短视频行业成熟。

2. 短视频行业还有发展的空间

我国的短视频行业发展可以大致分为以下四个阶段。

（1）摸索阶段：2013—2015 年，秒拍、小咖秀短视频等应用诞生。一些人开始尝试用短视频表达自我，不过当时的移动互联网尚在建设，短视频行业发展缓慢。

（2）爆发阶段：2016—2017 年，快手、抖音迅速崛起，火山小视频、西瓜视频、好看视频、梨视频等纷纷上线，短视频行业的竞争进入白热化阶段。2017 年下半年是短视频月活跃用户数增长的井喷时期，季度复合增长率约为 46%。

（3）成熟阶段：2018—2020 年，市场格局渐趋稳定，短视频行业进入垂直细分、精细化运营阶段，短视频变现模式日趋成熟。

（4）全面发展阶段：2021 年后，短视频行业将迎来新的爆发机遇。随着国内 5G 网络商用、增强现实（Augmented Reality，AR）和虚拟现实（Virtual Reality，VR）等技术的发展，网速更快、时延更短、视觉体验更好，观看短视频的用户数、用户时长都将持续增加。台下的"观众"增加了，台上的"节目"当然也要增加，视频号将开启人人都是短视频创作者的时代。

1.1.2　视频号是腾讯的战略级产品

短视频这么火，很多平台都想分一杯羹，腾讯也不例外。近几年，腾讯在短视频领域布局了微视、下饭视频、闪咖、速看视频、DOV、MOKA 魔咔、猫饼 Ö、MO 声、yoo 视频等十多款短视频 App。

抢夺用户的时间历来都是互联网巨头之间交锋的核心，大家都在期待腾讯接下来的动作。

2020年1月9日，微信公开课PRO在广州开课，张小龙通过一段13分钟的VCR分享了他对信息互联和微信产品的思考。张小龙给出了预告："微信的短内容一直是我们要发力的方向，顺利的话可能近期会和大家见面。毕竟，表达是每个人天然的需求。"

这次预告的对象就是视频号。

2020年1月22日，微信视频号正式开始内测。微信官方对视频号的定义如下：一个人人可以记录和创作的平台，也是一个了解他人、了解世界的窗口。

视频号的入口位于"发现"页的"朋友圈"按钮的下方（如图1-1所示），是微信功能的一级入口，并且用户在收到新信息后会有红点提醒，这和朋友圈新动态的提醒如出一辙。如此明显的用户提示设置，自然更容易培养用户的视频号使用习惯。

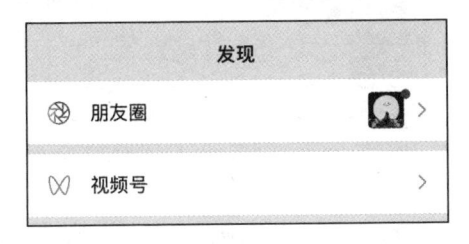

图 1-1

除此之外，我们在朋友圈（如图1-2所示）、与好友进行微信聊天时，发布或看到别人发布的含有"#"+文字的标签，单击标签，即可直接打开相关的话题页面，排在最上面的就是视频号的内容（如图1-3所示），排在下面的才是朋友圈、公众号等内容（如图1-4所示）。

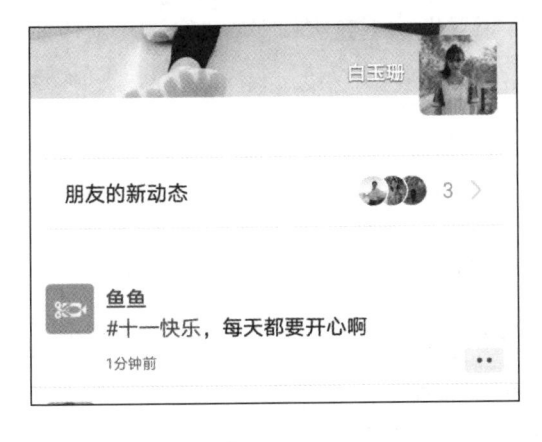

图 1-2　　　　　　　　　图 1-3

图 1-4

不管是从入口位置，还是从话题的排序，我们都可以看出微信对视频号的重视程度。其实还有很多小细节可以体现视频号在微信中的地位，这里就不一一说明了。

2020年6月22日，张小龙发朋友圈宣布视频号数据："2亿，是开始"。

虽然对于微信11亿个用户的体量来说，这个数据算不上很大，但是这是在视频号上线不到半年还没有全量开放的情况下，是在视频号非常谨慎地缓步迭代的情况下得到的数据。我们可以推测，在视频号不断优化逐步成熟后，视频号的用户体量应该和朋友圈是不相上下的，而且视频号联通了微信小商店和直播，可连接微信公众号，也可扩散到微信好友、朋友圈、社群（如图1-5所示），变现潜力巨大（具体的变现方法见第8章）。

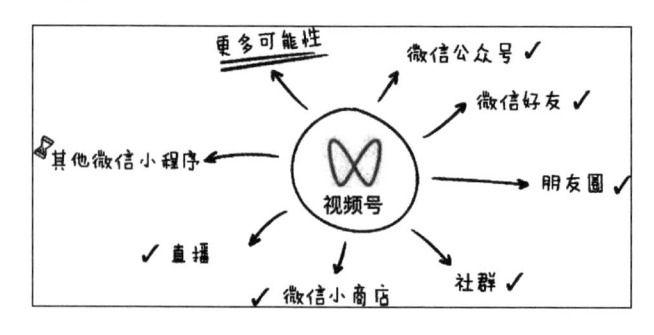

图 1-5

很可能有一天，我们在打开微信后，不用去看朋友圈，也不用去看订阅号，只看视频号就够了。因为在这里，你可以看到你的微信好友创作的以及他们感兴趣的图片或视频，也可以看到你喜爱的博主发布的内容，还可以一边看直播一边购物。至于你关注的订阅号，我相信这些自媒体一定也开通了视频号，以后他们的文章很可能都配上一分钟的视频发布出来，相当于做了文章的预告片，这是不是比直接去订阅号找感兴趣的文章体验更好？所以，视频号在未来极有可能演变为微信的内容聚合入口，也就是最主流的内容平台。

1.1.3 基于社交的推荐机制

同样是短视频平台，抖音、快手等平台都是通过算法推荐来分配流量的。用户发布的内容有一定的初始流量，会被推送给可能对它感兴趣的人，曝光量大概为几百次。内容如果受欢迎，也就是点赞量、评论量、转发量多，以及完播率高，就会在更大范围内被系统推荐。在这种情况下，你要做的就是不断优化内容，等着系统分发。

在微信体系中，微信公众号是通过微信社交链来传播的。用户发布的内容需要通过朋友圈、社群或"朋友在看"去传播和裂变。

视频号的"游戏规则"综合了以上两种，以社交链传播为核心，辅以算法智能推荐。

在如图 1-6 所示的视频号页面最上方的菜单栏中，你能看出视频号的流量是从哪里来的。下面从左到右依次介绍菜单栏的各个按钮。

1. 关注

关注了你的视频号的用户会在这一栏看到你更新的视频。

2. 朋友

用户在进入视频号后会默认进入这个页面。这就是视频号区别于其他短视频平台最核心的推荐机制——社交关系链推荐。你的视频在被点赞后，就会出现在点赞者的微信好友的视频号信息流里。所以，你要想获得更多流量，就要像运营公众号一样，去社群、朋友圈等渠道推广自己的视频。

3. 推荐

这一栏的推荐机制是类似于抖音的个性化推荐，把视频推荐给可能对它感兴趣的人。图 1-7 为视频号官方对推荐机制的解释。

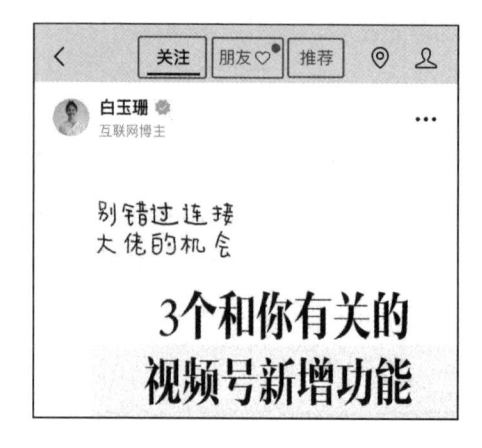

图 1-6　　　　　　　　　　　　　　图 1-7

并不是只有数据特别好、特别受欢迎的视频才能被推荐。如图 1-8 所示，点赞量为 0 的内容也会出现在"推荐"栏里。除了优质视频，平台还会在"推荐"这一栏给每条视频一些初始流量（推荐给可能对它感兴趣的人）。如果视频的数据好，平台就会扩大推荐范围。所以，你要在发布视频后努力推广，让你的视频获得更多的系统推荐。

图 1-8

4. 位置

视频号会根据位置信息，把你的视频推荐给附近可能对它感兴趣的人。所以，在发布视频的时候，你不要忘记标记位置。

图 1-9 是视频号官方对各个页面的解释。

这种推荐机制意味着什么？你的视频号既可以获得私域流量，又可以获得公域流量。公域流量和私域流量是相对的概念，公域流量就是一个平台上公共的流量，不属于个体。而私域流量是指自己可以掌控、反复使用而不增加成本的流量，比如你的微信好友、微信群，都可以算作你的私域流量。

也就是说，你发布的视频既可以被你的微信好友看到，也可以被你的二度、三度人脉看到（微信好友的好友），还可能通过"推荐"被数以万计的陌生人看到。

我相信你或多或少都有一些私域流量，所以在视频号上只要你愿意投入精力，就有冷启动的资本，而且视频号会给一个新号发布的某条视频（通常是第 1 条和第 2 条）流量扶持，帮助这条视频"破圈"。这不就是要给每个人机会嘛。

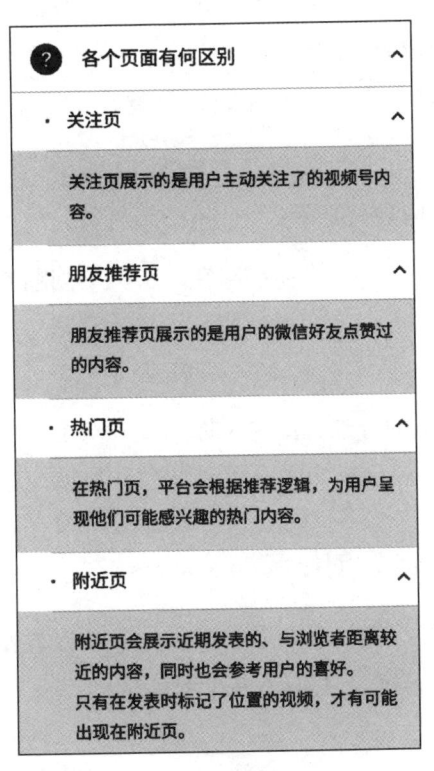

❓ 各个页面有何区别
· 关注页
关注页展示的是用户主动关注了的视频号内容。
· 朋友推荐页
朋友推荐页展示的是用户的微信好友点赞过的内容。
· 热门页
在热门页，平台会根据推荐逻辑，为用户呈现他们可能感兴趣的热门内容。
· 附近页
附近页会展示近期发表的、与浏览者距离较近的内容，同时也会参考用户的喜好。只有在发表时标记了位置的视频，才有可能出现在附近页。

图 1-9

1.2 为什么每个人都应该做视频号运营

不管你是新晋的内容创作者、有一定积累的内容创作者、从没想过要靠内容赚钱的普通人，还是人力和财力都有限的中小企业，我都建议你做视频号运营，原因如下。

1.2.1 新晋的内容创作者

如果你看到很多人通过内容创作获得了巨大的成功，也想像他们一样，那么做视频号运营会是现阶段最好的选择，原因有以下两个。

1. 机会均等

除了那些已经在其他平台做成"大V"的人有一些先发优势，对于大部分人来说，视频号提供的机会是均等的。在视频号上线后的一年内，能积累 1 万个粉丝的账号就是很不错的账号了。只要你在有视频号开通权限后就开始运营，即使你是最后一批开通的，和其他人相比也不会有太大差距。

即使没有在第一时间做视频号运营，你也不用觉得错过了机会，只要在 2022 年之前能入局，就还是有红利的，虽然和 2020 年就开始运营的人没法比，但是用心做依然会有一席之地。

2. 即使内容不成熟也会有流量

对于新晋的内容创作者来说，他们存在的很大的问题就是没有经验、视频的质量一般。如果在其他平台上，他们很可能与用户没有互动，会很有挫败感，就没办法坚持下去。

视频号基于微信生态的特点，决定了你的视频至少会有亲朋好友的支持，他们的一次点赞和一条评论，就会成为你不断创作的动力。

1.2.2 有一定积累的内容创作者

很多内容创作者已经在微信公众号、抖音、今日头条等平台做得很好了，还有必要做视频号运营吗？当然有。有以下几个原因。

1. 增加一个分发渠道

如果你是视频创作者，有现成的内容，那么对于你来说视频号增加了一个获取流量的渠道，而你的工作量并没有增加多少，这值得尝试。

如果你是图文类内容创作者，比如一直在微信公众号上创作内容，现在要不要增加创作视频类内容的业务呢？肯定要。我在前面分析了，观看短视频的用户越来越多，短视频占据用户的时间也越来越长，图文虽然不会被淘汰，但是打开率越来越低了。所以，如果你没在抖音、快手上抓住短视频带来的机遇，那么视频号就是你的最佳突破口了，你以往积累的粉丝也会帮助你完成视频号的冷启动。微信公众号创作者尤其有优势，因为在公众号文章中可以直接插入视频号的视频（如图 1-10 所示）。反过来，视频号也能够给微信公众号带来巨大的流量，让微信公众号焕发新生机。

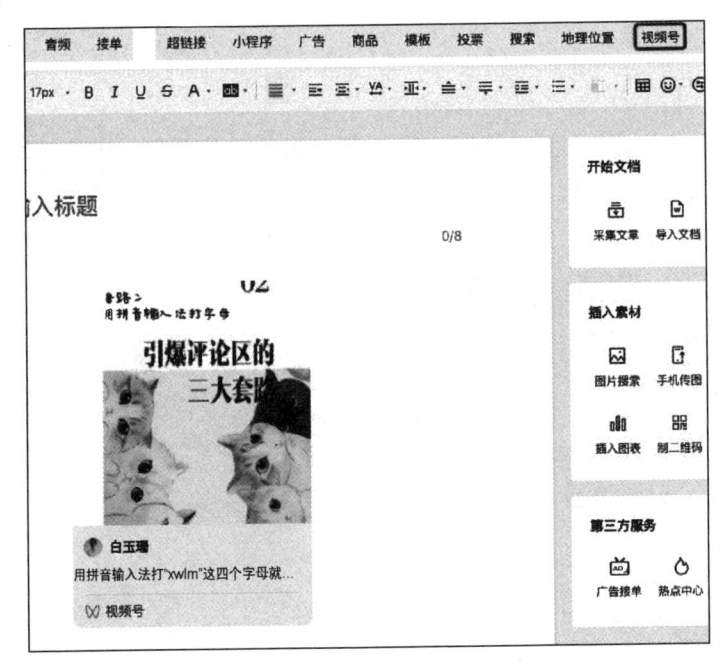

图 1-10

2. 更好的变现方式

对于视频创作者来说，如何变现是一个难题。在抖音和快手上已经有了比较成熟的变现方式，但是抖音和快手上的流量主要是公域流量，视频号还可以帮助你充分利用私域流量。

另外，视频号可以触及更多高收入人群。这些人可能既不刷抖音，也不刷视频号，但他们会用微信，而视频号是可以通过朋友圈、微信群这些渠道触及他们的。

所以在视频号上，你可以实现高单价商品的变现。

如果你是图文类内容创作者，那么一定要把视频号+微信公众号的打法用起来，用视频"引流"（引流是指引来流量），进一步提高文章的转化率。

1.2.3 从没想过要靠内容赚钱的普通人

即便你没有打算把视频创作当成副业甚至事业，我也建议你开通视频号。有以下三个原因。

1. 带你"破圈"

不知道你有没有发现，在生活中，对你帮助最大的是弱关系。弱关系是指你与那些交换了名片、添加了微信好友，但在生活中很少有交集的人的关系。

比如，我有个朋友在找工作时就是在朋友圈发布了求职需求和工作经验，然后就有人给他对接了合适的工作，而他拜托身边最好的朋友去找却没有找到合适的工作。并不是朋友不尽力，只是他的朋友做的事情可能和他差不多，其眼界和格局自然和他比较相近，有更好的工作机会的可能性比较小。

弱关系理论的关键在于信息的传递。如果你能把你的信息传递给更多的人，那么你获得的机会就会更多。不只是工作机会，方方面面都如此。

你平时发朋友圈，最多影响到微信里的朋友，而视频号的推荐机制能让你破圈，这无形中建立了大量的弱关系。

2. 提高职场竞争力

你可以尝试在视频号上发布和你的工作有关的内容。比如，你新学习的技能、对工作的思考等。你的视频号只要能影响到你身边的人（比如，老板、同事、合作伙伴）就可以。你可以让大家看到你的能力，塑造你的职场人物设定（简称为人设）。同时，不断地输出内容也会促使你学习更多知识，让你在职场上更有竞争力。

3. 记录生活的工具

在生活中有很多美好的瞬间，如果你不把它记录下来，它就只能是瞬间。

开通视频号并不断地更新内容，会让你主动发现生活中点滴的幸福。以前看到花开了，你会选择无视。现在看到花开了，你就会赶紧记录下来，顺便发表几句感言，再和粉丝互动一下，这让生活更加多姿多彩。

其实这就是把视频号当成朋友圈，只不过现在能发布 30 分钟以内的视频了，多了一个免费记录生活的工具，为什么不用呢？

1.2.4　人力和财力都有限的中小企业

2020 年的新型冠状病毒肺炎疫情让中小企业的经营或多或少都有一些问题。增长成为最大的难题，每个企业都需要流量。即使没有这个事件，流量也越来越贵了。要想得到便宜的流量、免费的流量，从哪里找？答案是视频号。

对于大企业来说，视频号可能就是一个官方宣传的渠道，是众多门脸儿之一。如果想要流量，那么他们完全可以在很多做得很好的视频号上投放广告。大企业有投放广告的财力，不一定自己运营视频号。

但对于中小企业来说，在推广预算有限的情况下，有一个自己的自媒体大号就非常重要了，可以用它做品牌宣传、给线下店引流、推广自己的商品。

人手有限、没有团队来做这件事怎么办？本书可以解决你的问题，我在接下来的章节中会教你用最低的成本运营一个优秀的视频号。即使只有一个人、一部手机，你也能搞定视频号运营。

实战练习 1

填写下面的表格，简单地分析自己。

我属于哪类人	
我能通过做视频号运营获得什么好处	

1.3 怎么抓住机会

1.3.1 动手和动脑同时进行

有些人做事很严谨,不管做什么一定要筹划得特别完善才开始行动。这就是先动脑,再动手。这在做一些重大决策时是优点,但在做视频号运营这种低成本、有红利期的事情上,你还是尽快动手为好。

当然,尽快动手不是盲目开始,你要给自己一些时间去学习、思考(比如,看完本书并完成所有的实战练习),在有了初步的方向和一些基本的能力后就可以开始了。

在开始后,可不是只要坚持每天更新(简称日更)就是在抓住机会。对于错误的事,你做 100 遍它还是错的。比起日更,你更需要做的是复盘,不断地改进自己的视频。如果你每天的精力有限,只能在复盘和更新视频中二选一,那么我建议你减少更新的频次,花更多的时间在"怎么能做得更好"(即复盘)上。

我的视频号内容就在不断地迭代。我在刚开始时用视频记录日常生活(拍 Vlog)。我发现流量一般,后来调整了方向。为了快速"上线",刚开始的视频封面沿用了我以前发抖音视频时的封面形式,后来根据视频号的尺寸改版了。我刚开始发布视频是日更的,但发现质量无法保证,后来调整了更新频次。

总之,要想更好地抓住视频号运营这个机会,你就要从现在开始动手,并且动手和动脑要同时进行。

1.3.2 不断地试错并坚持

没有人能随随便便地成功,我的视频号运营能做得有点小成绩,和我的经历有很大关系。

2015 年,我的第一份工作就是负责微信公众号运营。

2016 年,我开通了自己的微信公众号,但没有认真运营,只是把它当成工作之余的消遣。我把它当成一个日记本,写一些自己的感悟和成长经历,让身边的人能更了解我。我虽然没有把公众号运营得很好,但是锻炼了写作能力。有些人喜欢我的文章来找我约稿，让我获得了工作之外的收入。

2017 年，我开始做《亮三点》节目的总策划，到视频号出现的时候，我已经有了三年的视频策划经验。

2019 年，我在业余时间开始尝试运营 Vlog 类的抖音号，从人生感悟类内容到旅游、美食类内容都尝试做过，终于在旅游类内容上有了一些成果，发布了 16 条视频，收获了 1.4 万个粉丝，视频的最高播放量超过了 100 万次（如图 1-11 所示）。后来遇到了新型冠状病毒肺炎疫情，我暂停了更新。

图 1-11

我没有抓住微信公众号提供的机会，也没能抓住抖音和快手提供的机会，这很遗憾。但是如果没有经过以前"折腾"，没有锻炼出相应的能力，那么我不可能这么快抓住视频号提供的机会。

再举个例子，我们都知道互联网的发展让纸媒日渐衰落，那么那些传统媒体人怎么样了呢？他们只是换了一个战场，在新媒体上依然做得得心应手。

《GQ》的前副主编张伟创立了"新世相"；《南方都市报》的前首席记者方夷敏创立了"黎贝卡的异想世界"；《外滩画报》的前总编徐沪生创立了"一条"。这样的例子数不胜数。

纸媒的衰落只是这个渠道衰落了，但传统媒体人的写作能力、捕捉新闻的能力、把握用户心理的能力都是可以迁移的，用在新的平台上依然可行。

所以，我想告诉你的是，即使你觉得以你现在的能力根本做不好视频号运营，那么也要去尝试。即使做了多次尝试后运营得依然不好，你也要再坚持一下（除非你有更重要的事要做，实在没有精力投入）。因为你在"折腾"的过程中会获得一些可迁移的能力，如拍摄能力、剪辑能力、写作能力、推广能力、表达能力等。这些能力不限于做视频号运营，是可以运用到其他很多事情上的，它们能帮助你更好地把握住以后的机会。

1.3.3 不要闭门造车

当一个新事物出现的时候，你一定要及时了解它的动态，这样才能够跟上它的发展。

要想抓住视频号提供的这个机会，你该怎么做呢？一方面，我建议你加入一些高质量的视频号交流群，每天看看群里都在讨论什么。大家讨论的可能是视频号新增了某些功能和玩法，也可能是有些行为以前被允许，而现在视频号开始禁止了。在第一时间了解这些动态，你就能做到有的放矢。

另一方面，我建议你关注一些研究视频号的"大V"，如果视频号有什么最新消息，那么他们肯定会发视频来说明。另外，你可以在他们的视频号上多与他们互动，在给他们留下一定的印象后，试着添加他们为微信好友，和他们建立更直接的联系。

1.4 视频号创作者的基础操作

1.4.1 创建视频号

(1) 更新微信到最新版本。

(2) 打开微信,单击"发现"→"视频号"按钮(如图 1-12 所示)。

图 1-12

(3) 在进入视频号后,单击右上角的人像标识(如图 1-13 所示),再单击"发表新动态"按钮(如图 1-14 所示)。

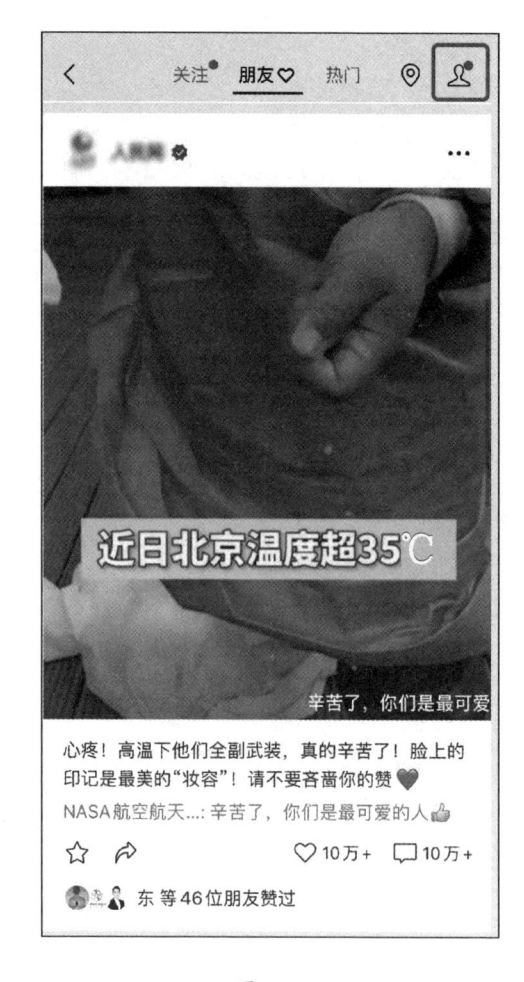

图 1-13　　　　　　　　　　　　　　图 1-14

（4）在上传头像、填写名字等信息后，单击"创建"按钮就拥有了自己的视频号（如图 1-15 所示）。注意：一个微信号目前仅可以创建一个视频号，并且微信号和视频号的关系是强绑定关系。视频号的名字具有唯一性，一年有两次修改的机会，所以起一个好名字很重要。第 3 章会介绍起名字的方法。

（5）在视频号创建成功后，你可以完善信息。单击名字右侧的"…"按钮（如图 1-16 所示），然后再单击名字右侧的">"按钮（如图 1-17 所示），就可以填写或修改简介、名字、头像等信息了。

图 1-15

图 1-16

图 1-17

1.4.2 发布视频

（1）单击"发表新动态"按钮（如图1-18所示），再单击"拍摄"或"从相册选择"按钮，就可以发布视频了，如图1-19所示。

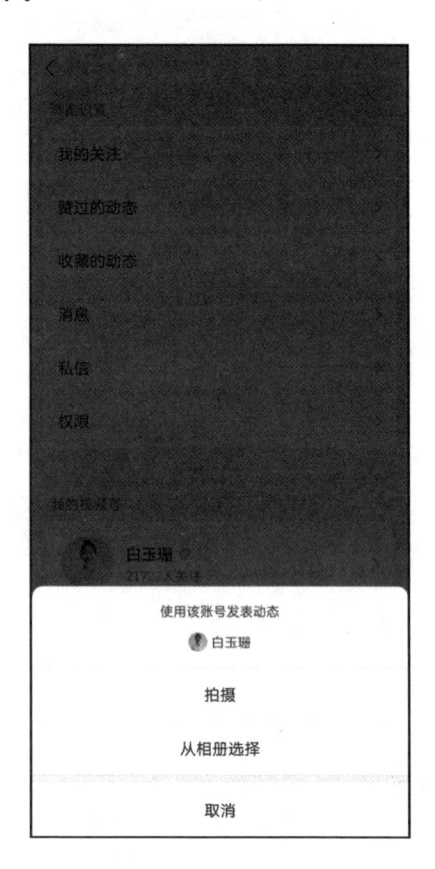

图 1-18　　　　　　　　　　　　图 1-19

（2）在上传视频后，可以对视频进行简单的编辑（如图1-20所示），可以添加表情、文字、背景音乐，可以裁剪、自动识别字幕、变速等（如图1-21所示）。如果你的视频已经是加工好的，那么单击"下一步"按钮就可以。

（3）填写信息。信息包括封面、描述（最多写1000个字，超过三行会被折叠）、地理位置、扩展链接，如图1-22所示。描述就是标题，在第4章中会介绍怎么写标题，关于其他信息的填写技巧会在第7章中介绍。

第 1 章　想抓住红利，先全面了解　21

(1)　　　　　　(2)

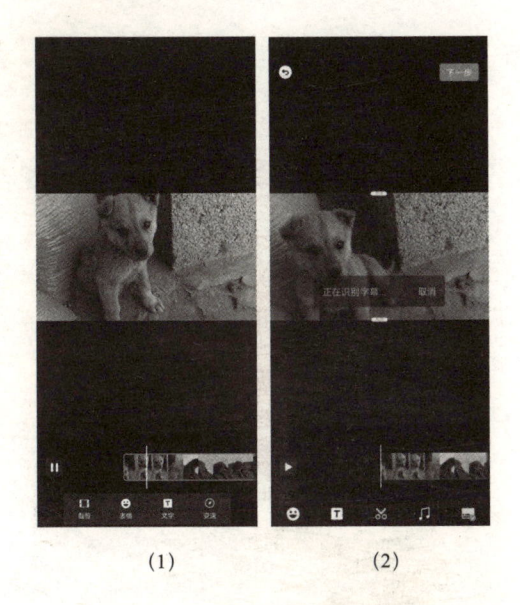

图 1-20

(1)　　　　　　(2)

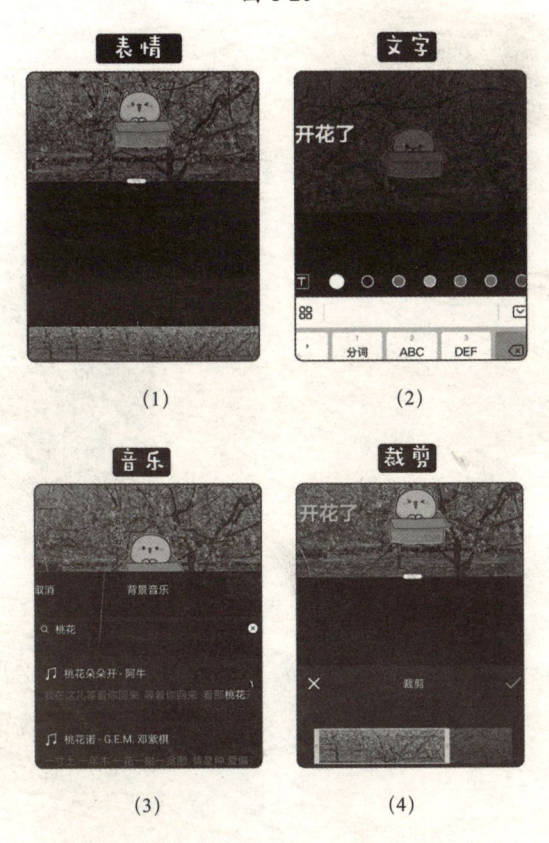

(3)　　　　　　(4)

图 1-21

很多人不会添加扩展链接，下面介绍一下这种基础操作。

假如你操作到图 1-23 所示的页面，发现没有复制链接，那么可以单击左上角的返回按钮，这时会弹出是否保留此次编辑的对话框，需要单击"保留"按钮。然后，打开公众号的文章，单击右上角的"…"按钮，再单击下方的"复制链接"按钮，如图 1-24 所示，这时链接就已经复制到剪贴板了，再回到刚才编辑的页面，把链接粘贴在"扩展链接"下面的文本框中就可以了，如图 1-25 所示。当然，你完全可以在发布视频前就把链接复制好，在编辑时直接粘贴就可以了。

图 1-22

图 1-23

（4）在发布视频后可设置仅自己可见。先单击视频右上角的"…"按钮，再单击"仅自己可见"按钮。这样，那些你既舍不得删掉又不想被别人看到的视频，就可以隐身了，如图 1-26 所示。

图 1-24　　　　　　　　　　　图 1-25

你还可以把视频置顶。你可以把最优秀的视频置顶，即把这条视频排在最前面，以便吸引更多人关注。

1.4.3　微信小商店的开通及使用方法

（1）开通微信小商店。所有人都可以用零成本做点小生意。

在进入视频号设置页面后，单击"我的小商店"后的"＞"按钮，如图 1-27 所示。单击"免费开店"按钮，如图 1-28 所示。选择创建类型（如图 1-29 所示），如果你有公司，就可以选择"企业/个体户"选项，相对来说，企业店铺的功能更丰富，如果你没有公司，不能提供营业执照，就选择"个人"选项，个人店铺的功能也足够用。

图 1-26

图 1-27

（2）新增商品。在小商店创建成功后，在视频号主页简介的下面就挂上了小商店的小程序（如图 1-30 所示）。

第 1 章　想抓住红利，先全面了解

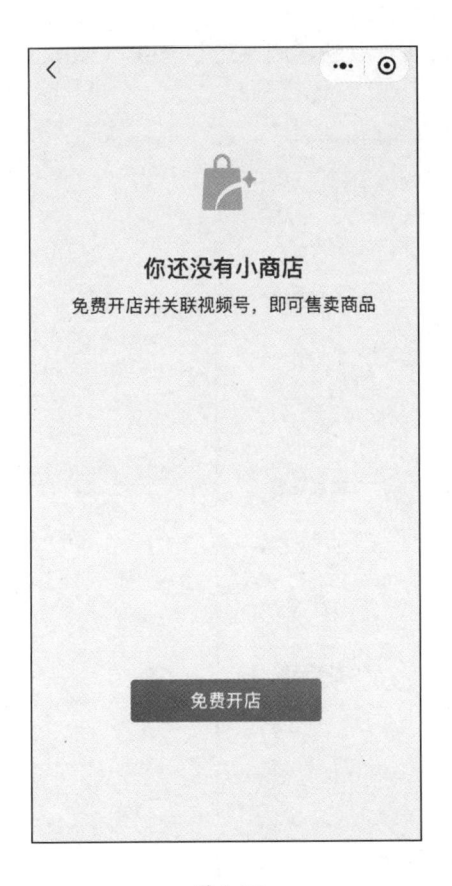

图 1-28

图 1-29

图 1-30

单击"我的小商店"按钮，在"功能"页面可以新增商品进行售卖（如图 1-31 所示）。

图 1-31

（3）如果你没有货源，那么可以在小商店首页单击"我要带货"按钮（如图 1-32 所示）选择来自拼多多和京东的有佣金的商品，只要卖出商品，就可以获得相应的佣金，如图 1-33 所示。

可以按照品类筛选商品，也可以直接从京东或拼多多上复制商品链接，并把商品链接粘贴在输入框，搜索相应的商品，如图 1-34 所示。

（4）在小商店中，还可以进行店铺直播，"店铺直播"按钮如图 1-31 所示。店铺直播不仅可以在手机上设置，还可以登录网页版微信小商店设置，功能很强大。你不仅可以用手机直播，还可以选择用推流设备直播（如图 1-35 所示）。手机直播就是在直播时用手机摄像头拍摄，用手机摄像头拍的是什么，画面就是什么。推流设备直播是指你可以在电脑上用第三方推流设备（比如，OBS）来发起直播，在直播时可以用电脑摄像头拍自己，也可以播放电脑画面（比如，演示 PPT 等）。

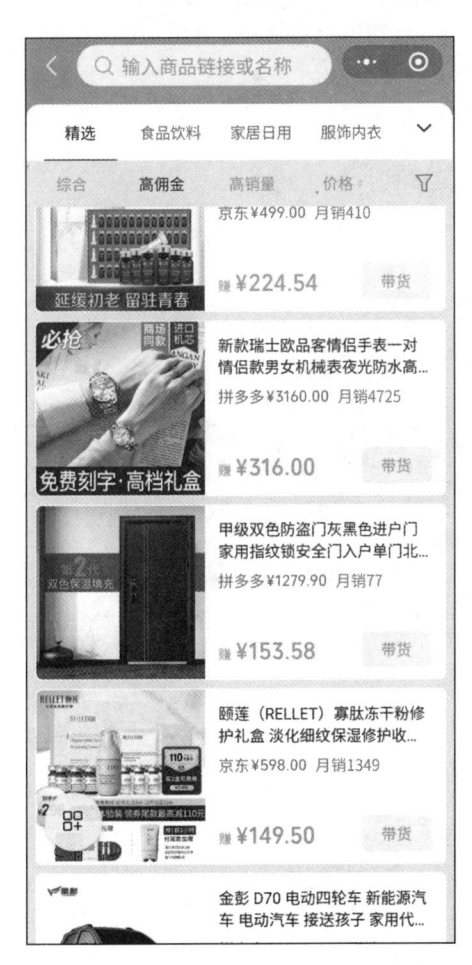

图 1-32　　　　　　　　　　　　图 1-33

视频号掘金
获取微信生态红利的新玩法

(1)

(2)

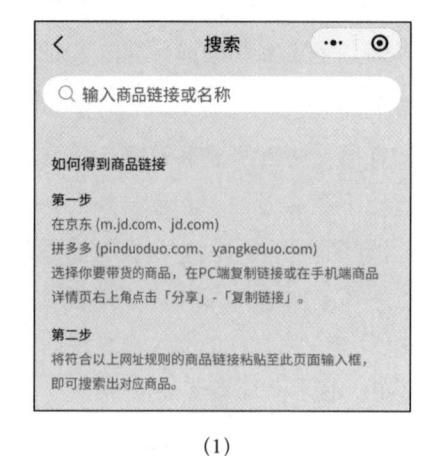

图 1-34

图 1-35

店铺直播还有回放、评论、商品货架等功能，如图 1-36 所示，你也可以进入直播间的控制台（如图 1-37 所示）进行导入商品（如图 1-38 所示）、创建抽奖（如图 1-39 所示）等操作。

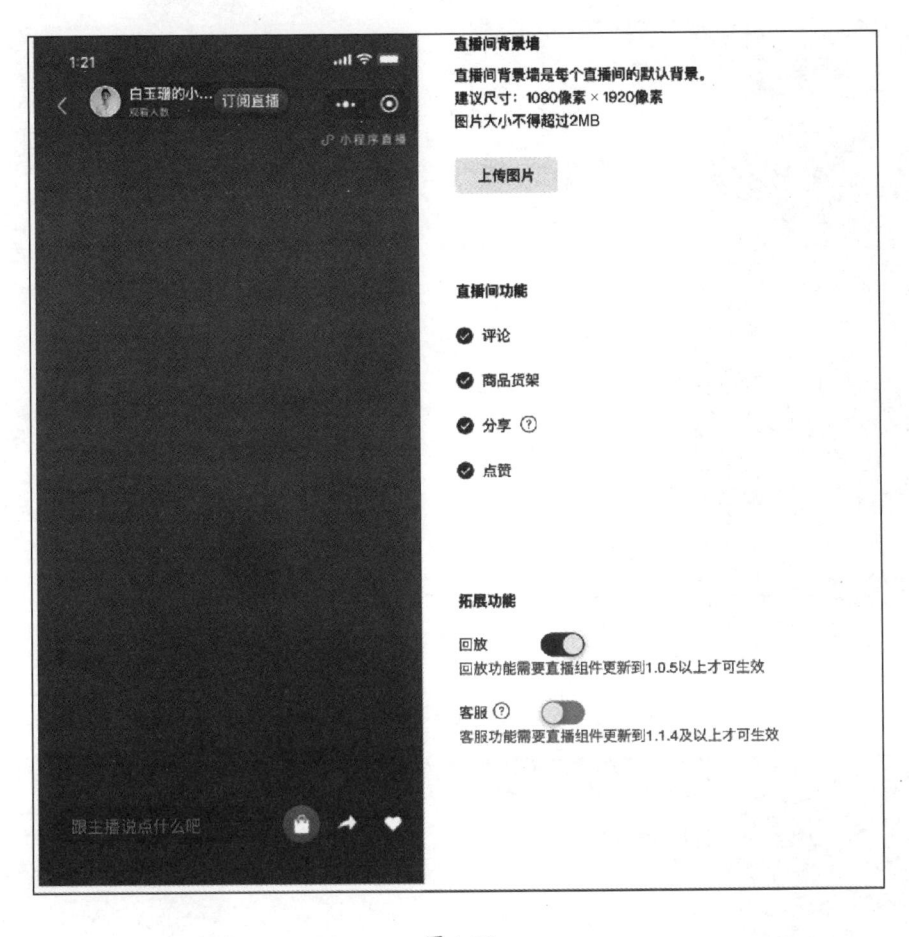

图 1-36

图 1-37

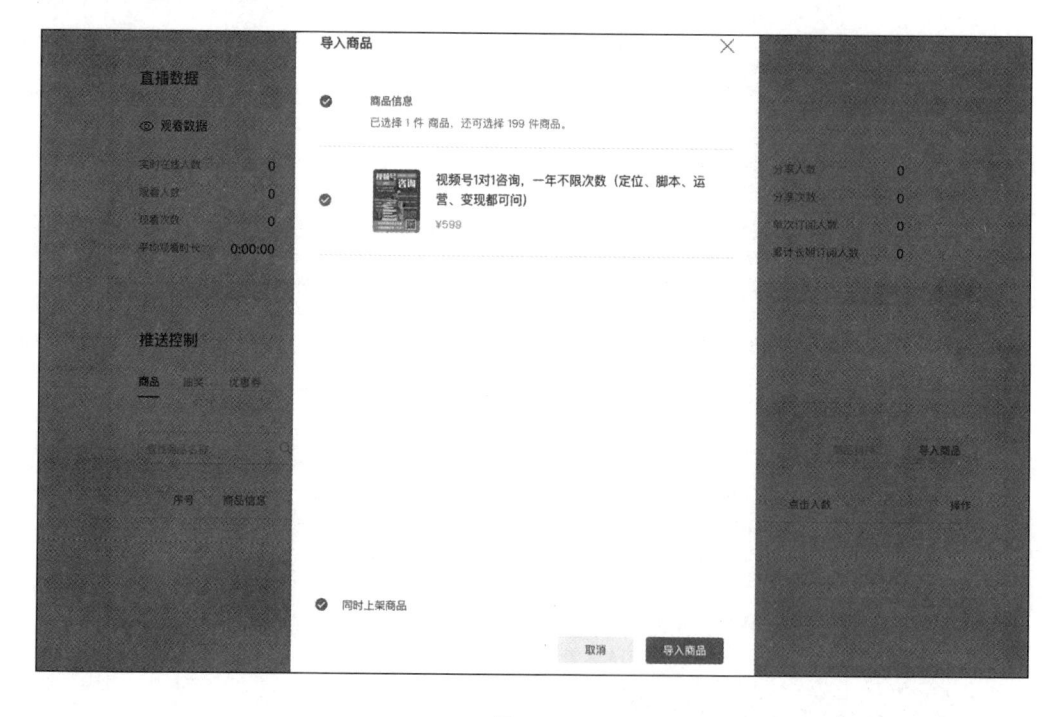

图 1-38

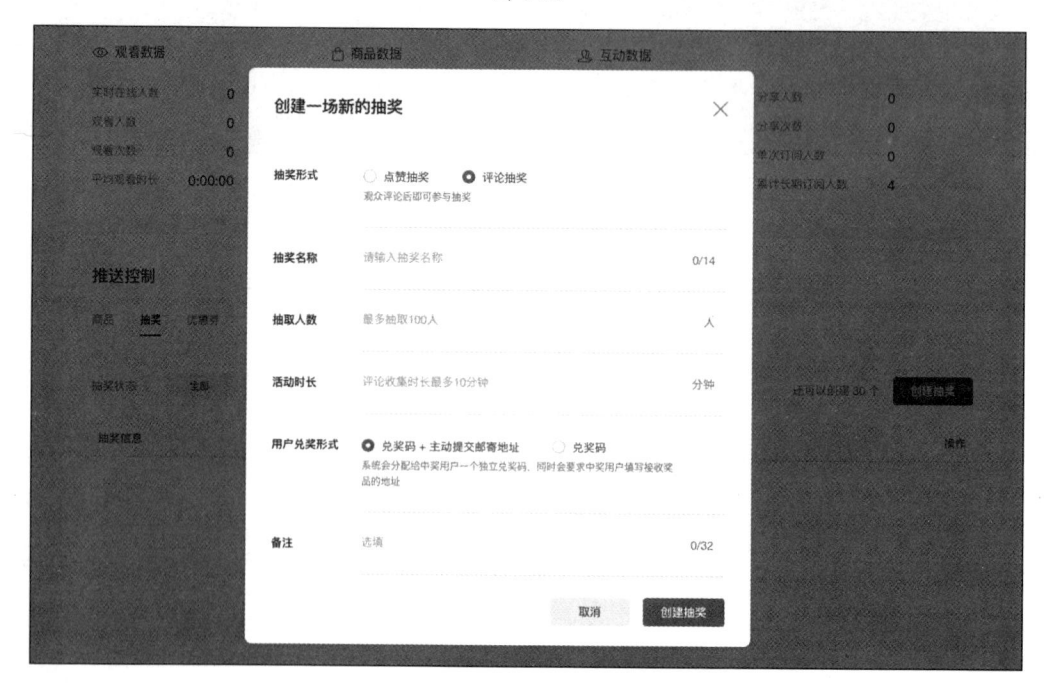

图 1-39

在设置直播后，观众进入你的小商店后看到的页面如图 1-40 所示。

图 1-40

1.4.4 视频号直播功能的开通及使用方法

视频号的直播功能是自动开通的，如果没有开通，你就耐心等待，因为它有一个灰度测试的时期。视频号直播没有店铺直播的功能强大，也没有那么多功能，只能用手机直播，但它有自己的优势。和店铺直播"藏"在视频号主页—小商店里不同，官方对视频号直播的推广力度很大。首先，从入口来说，"发起直播"按钮和"发表新动态"按钮在一起，也就是直播和短视频的地位一样（如图 1-41 所示）。

在单击"发起直播"按钮后，可以选择直播或者直播预告，如图 1-42 所示。如果单击"直播预告"按钮，直播预告就会展示在视频号主页，如图 1-43 所示。

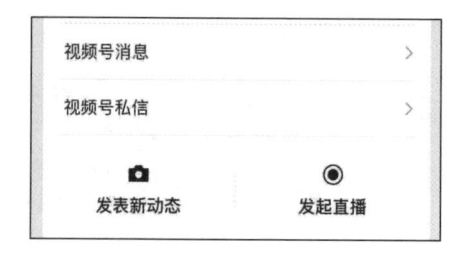

图 1-41

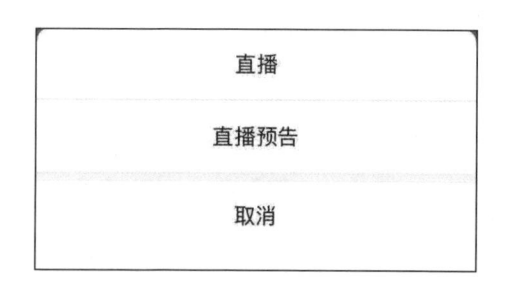

图 1-42

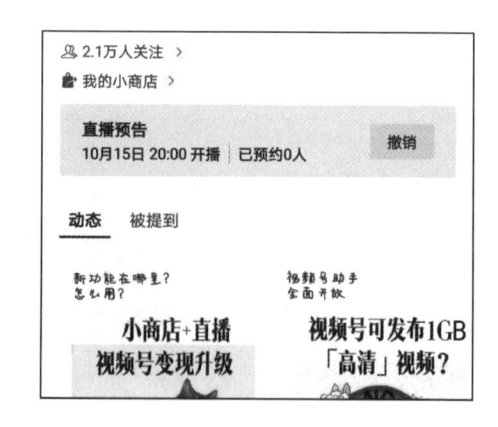

图 1-43

在直播开始后,你的视频号粉丝会在他们的视频号"关注"栏中看到"直播中",如图 1-44 所示,在单击"关注"栏后可以看到直播是展示在最上方的,短视频在下面展示,如图 1-45 所示。在"朋友"栏中,你的微信好友看过的直播都会置顶显示。由此可见,视频号对直播非常重视。

图 1-44

图 1-45

在直播间可以挂小商店的商品，观众可以在直播间直接下单购买你推荐的商品（如图 1-46 所示）。

1.4.5 视频号助手的功能及使用方法

视频号创作者可以在电脑端用微信扫码登录视频号助手，如图 1-47 所示。

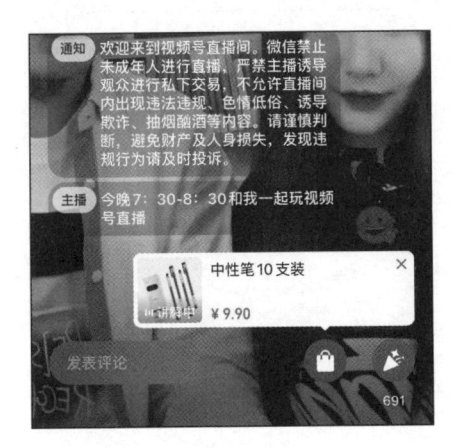

图 1-46 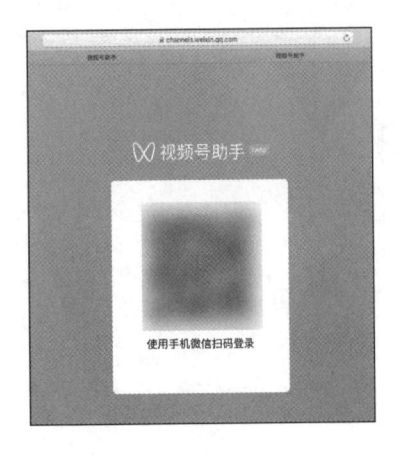   图 1-47

在登录后，视频号创作者可以发布视频，最大可上传 1GB 的视频，如图 1-48 所示。

图 1-48

你还可以在数据中心查看关注者的增长情况（包括关注者总数、增长趋势等）、关注者画像（包括性别、年龄、地域等），以及动态数据（包括数据趋势以及具体数据）。

你可以对数据趋势进行自定义查看，只看某段时期某项数据的变化（如图 1-49 所示）。

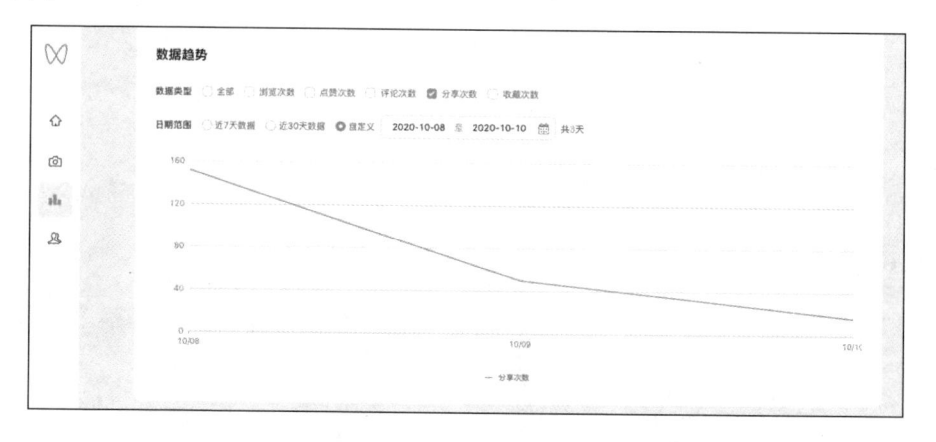

图 1-49

你还可以用视频号助手为你的视频号绑定运营者（如图 1-50 所示），让视频号的管理更加方便与安全。每个视频号可绑定 4 个运营者的微信号，运营者可进行除了账号设置之外的所有操作，如登录、发表、互动管理等。

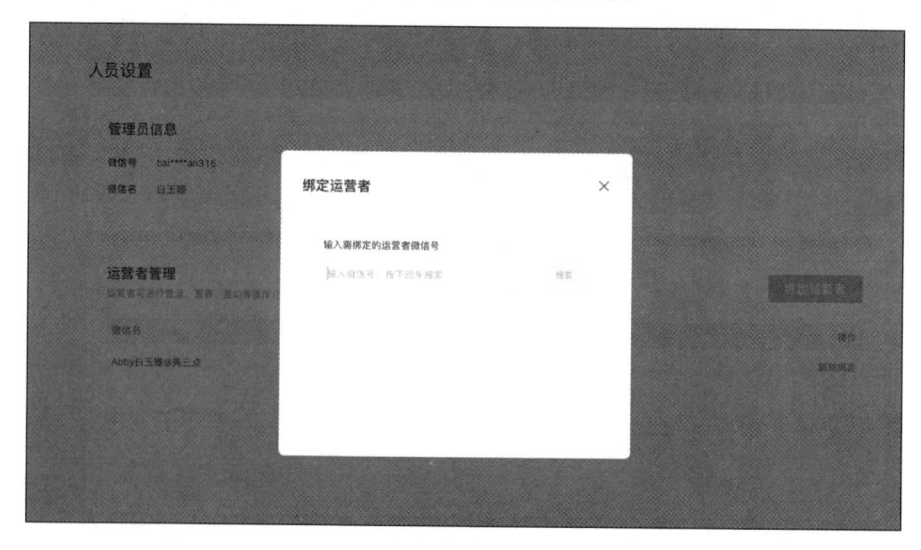

图 1-50

1.5 视频号的发布规则

1. 时长

截至 2020 年 10 月,在视频号中,可发布的视频最长为 30 分钟,可发布的图片最多为 9 张。

2. 对图片及画面宽高比的建议

(1) 视频号能展示的最大画面宽高比是 3∶3.5,分辨率是 1080px×1260px,这也是我建议你选择的画面宽高比,毕竟版面越大越吸引观众的眼球。

(2) 视频号能展示的最小画面宽高比是 16∶9,虽然这个宽高比的画面占据的版面不够大,但好处是这个宽高比的视频可以在所有的主流视频平台上传,不会被裁剪,所以如果你的视频要全网发布,那么要制作成这个宽高比。

(3) 画面宽高比在 3∶3.5~16∶9 之间的视频都可以直接上传,比如 1∶1、4∶3 等。其他画面宽高比的视频(如 3∶4、9∶16)在发布的时候都会被裁剪。

图 1-51 为不同画面宽高比的对比图。

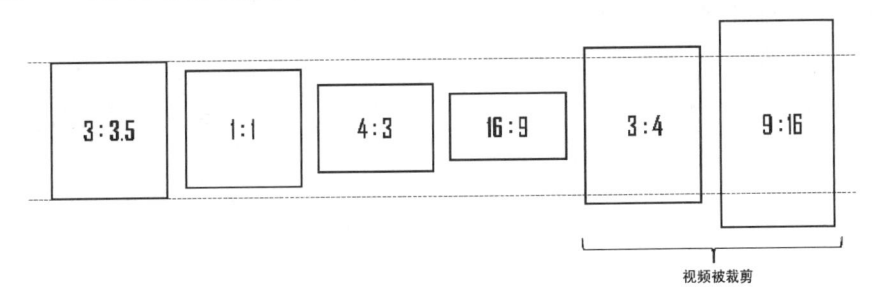

图 1-51

我们都知道,抖音、快手等短视频平台的全屏画面宽高比都是 9∶16,而视频号的全屏画面宽高比是 3∶3.5,这个画面宽高比极少见,不仅拍不出来,而且用非专业的视频剪辑软件都制作不出来。视频号这样做的目的很明显,就是不想让你直接搬运其他平台的视频过来,至少让你不那么轻易地搬运。你会看到在视频号上有很多画面看起来不完整的视频,这些就是按照 9∶16 的画面宽高比制作并发布在其他平台上的视频,如果它们被直接发布在视频号上就只能被裁剪了。

如果想把画面宽高比为 9∶16 的视频展示完整那么要怎么做呢？6.2.2 节会讲到具体的方法。

3. 对视频大小的建议

虽然我们可以用视频号助手上传 1GB 的视频，但是我建议视频大小不要超过 100MB，最好在 30MB 左右。如果视频太大，那么在发布时会被视频号压缩，清晰度会降低。如果你拍出来的视频很大，那么怎么办呢？

网上有些短视频教程，会让你把手机中"相机"选项的"录制视频"选项的分辨率调到最大，告诉你这样就可以拍出高清的视频。高清确实没错，但对你在视频号上发布视频不仅没用，还可能起反作用。图 1-52 是在 iPhone 手机中设置"录制视频"选项的页面。

一方面，手机屏幕的视频显示格式基本都是 1080p，你拍成 4K 格式的视频在手机上是看不出差别的，除非你的视频需要投放到大屏上。

另一方面，一分钟 4K 格式的视频大小是几百兆字节，如果你把几百兆字节的视频直接发布在视频号上，那么视频被压缩后肯定是很不清晰的。所以，我建议你在拍摄的时候，不必设置成最大分辨率。1080p 格式的视频不管是在手机上看还是用于其他方面，只要不用特大屏看，就足够用了。

(1)

(2)

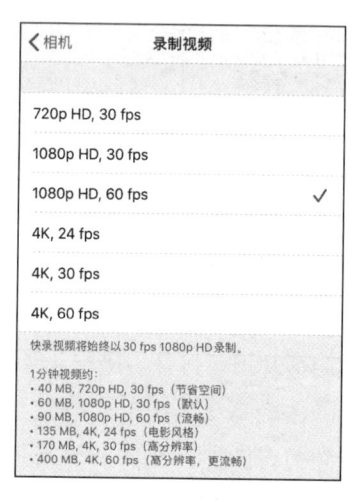

图 1-52

如果用 1080p 格式拍出来的视频在制作后仍然很大，那么怎么办呢？可以自行压缩再发布。自己压缩后再发布的视频要比被视频号压缩的视频清晰度高一些。

怎么压缩呢？用剪辑软件（如剪映 App）制作完视频，在导出的时候，剪辑软件会让我们选择分辨率和帧率（如图 1-53 所示）。如果视频太大，那么我们可以把视频显示格式（即图 1-53 中的分辨率）调到 720p、把帧率调到 25 再发布，清晰度也是足够的。

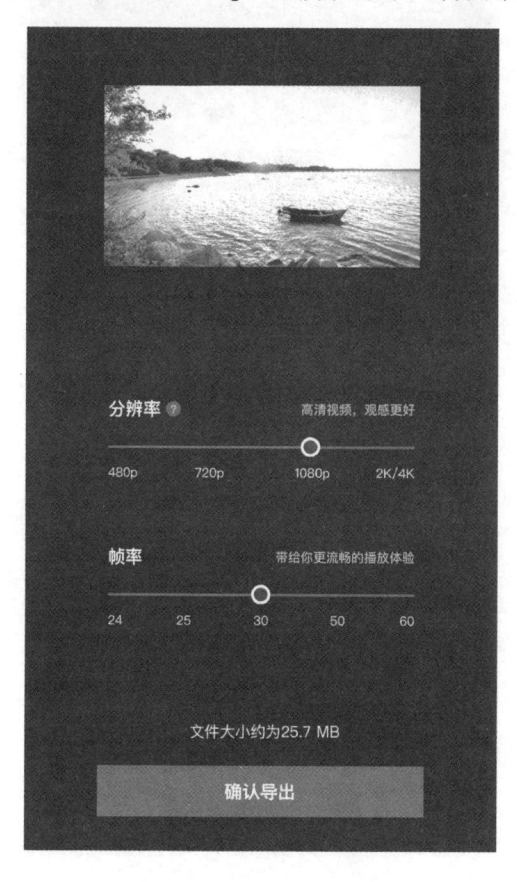

图 1-53

1.6 视频号用户的基础操作

单击视频会让视频暂停播放，双击视频就是给视频点赞。所以，我经常在视频中引导观众双击。

在进入视频号页面后，轻轻下拉页面会出现搜索框（如图 1-54 所示），可以输入关键词搜索账号或视频，用力下拉页面可以刷新内容。

图 1-54

视频可以被分享到微信群、微信好友、朋友圈。在图 1-55 中，用方框框出来的两个按钮都可以用于把视频分享给微信群或微信好友。

单击视频号账号的头像即可进入视频号主页，单击主页右上角的"…"按钮则可以把视频号名片分享给微信好友或微信群，如图 1-56 所示。

在单击视频暂停播放后，可以选择是否有浮评。浮评功能可以把所有评论以弹幕的形式展示在视频下方，如图 1-57 所示。

图 1-55

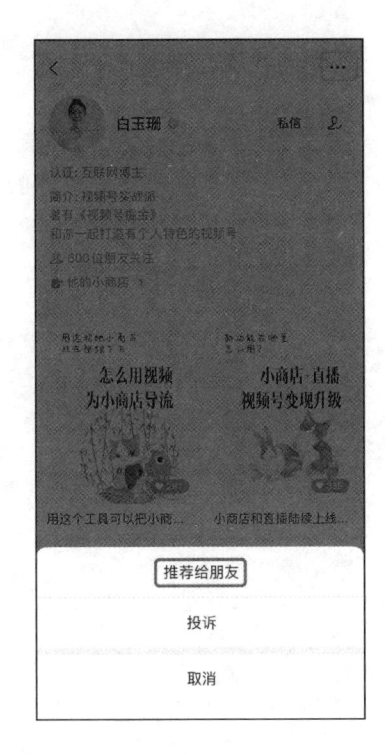

图 1-56

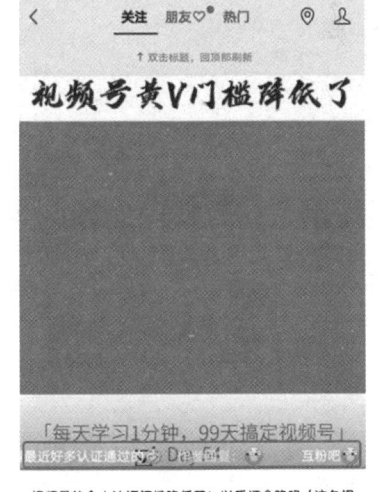

(1)

(2)

图 1-57

视频号掘金
获取微信生态红利的新玩法

你在视频号的"朋友"栏中看到的所有视频都是你的微信好友点赞的（看到的直播是你的好友正在看的），在每条视频的下方都会展示有几个好友点赞（如图 1-58 所示），打开列表你就可以看到有谁点赞（如图 1-59 所示），单击好友的头像则可以进入微信聊天页面。可以看出，视频号希望与社交互动强绑定。

图 1-58

图 1-59

在图 1-56 中，单击朋友名字右侧的眼睛图标，就可以不看该朋友推荐的视频。设置后的效果如图 1-60 所示。

图 1-60

观众在进入某个视频号主页后，就可以发私信与该视频号创作者沟通（如图 1-61 所示）。

图 1-61

如果你有视频号，那么你的观众在进入你的视频号主页后发给你的私信会出现在"视频号私信"选项中。你进入别的视频号主页和创作者的私信交流会出现在"私信"选项中（如图1-62所示）。

你可以在每条视频的下面写评论。需要注意的是，如果你的微信开通了视频号，那么在写评论的时候，单击自己的头像可以切换成用微信号或视频号来评论（如图1-63所示）。

如果你用微信号写评论，那么在评论区展示的名字是灰色的；如果你用视频号写评论，那么在评论区展示的名字是蓝色的，别人可以单击你的名字进入你的视频号主页。

图 1-62

图 1-63

第 2 章
从定位开始，为变现布局

2.1 定位六步走

无论做什么事，你都要想清楚你的"定位"。

定位理论最早是由美国著名营销大师艾·里斯和杰克·特劳特提出的。所谓定位，就是让品牌在顾客的心智阶梯中占据最有利的位置，使品牌成为某个类别或某种特性的代表品牌。

你的视频号也是一个品牌，好的定位能够帮助你占据有利的位置，也可以指导你接下来努力的方向和工作，所以找到定位是你做视频号运营的第一步，也是至关重要的一步。

我在和近百位视频号运营者交流并了解了他们的各种困惑后，制定了一套实操性非常强，适用于绝大部分人的定位方法。它可以帮你厘清思路，找到最适合你的定位。定位分为六个步骤：

（1）了解在定位时存在的误区，一定要避免这些问题。

（2）在知道不该做什么以后，接下来就要明确应该做什么。

也许有人会告诉你，去做自己擅长的、喜欢的，可是其实很多人都不知道自己擅长什么、喜欢什么，还有些人有很多擅长的和喜欢的，所以无法抉择到底该选哪个。

所以，我会给你提供非常实用的方法，通过 2.3 节的从职业定位中找方向、从自身优势中找方向、从兴趣爱好中找方向，你就可以找到自己的视频号定位方向。

（3）在有了大方向后（比如做美食），要怎么确定具体的定位（比如做减脂餐）

呢？你需要先了解和你同方向的竞品都在做什么，也就是要运用 2.4 节的方法来做竞品分析。

（4）在了解了竞品后，你还需要想清楚你做视频号运营的目的是什么，对于不同的目的，定位的方法是不同的。

（5）在确定了运营视频号的目的后，你就要找到具体的定位。如果你运营视频号的主要目的是做流量大号，那么要用 2.6 节的方法来找到最受欢迎的定位；如果你运营视频号的主要目的是打造品牌，那么要用 2.7 节的方法把独特优势和特质标签结合起来，打造差异化的定位。

（6）在找到定位并发布了几条视频后，如果发现流量并不多，那么可以调整大方向或内容定位、展现形式，直到找到适合自己且流量还不错的定位。

2.2 一定要避开的四大"坑"

2.2.1 想到什么发布什么

有些人想到什么就发布什么，没有明确的方向，这样的结果就是观众无法预期能从你的视频号中得到什么，自然就不会关注你的视频号，你的视频号就无法建立起核心竞争力。当然，如果你就是发着玩的，没有任何目的，就无所谓了。但如果你想通过视频号打造个人品牌或者做成有影响力的自媒体，就一定要做好定位。

2.2.2 定位太宽

定位从某种程度上来讲是一种取舍，如果什么都想得到，那么最终什么都得不到。

你一会儿发布化妆内容吸引"小姐姐"，一会儿发布游戏内容吸引"小哥哥"，一会儿发布养生帖吸引中老年人。你感觉所有的人都应该是你的受众，但是谁会去关注这样的账号呢？

当然，在刚开始做视频号运营的时候，你可以有一个试错期，可以试试发布各种内容，看看发布哪种内容的效果更好。但在确定方向后，你就不要轻易改变了。你可以发布一些与定位不相关的内容，比如发布自己做视频号运营的心路历程、参加接龙挑战等，但这些不相关的内容所占的比例不要超过 20%。

可以发布哪些细分类目的视频呢？下面给你举一些例子。

（1）满足职场人成长需求：职场励志、好书推荐、实用工具、语言教学等细分领域的干货教程等。

（2）满足女性对美的追求：美容美发、身材管理、服饰搭配、拍照技巧等。

（3）满足大众对娱乐的需求：才艺展示、搞笑视频、旅行攻略、电影推荐等。

（4）满足大众的饮食需求：美食教程、探店、吃播、养生/瘦身食谱等。

（5）满足大众对艺术的追求：摄影、绘画、音乐、舞蹈等。

上面列举了 5 个大类，20 个小类。每个小类（比如，美容美发）都可以作为你的视频号的定位。如果你把某个大类（比如，满足女性对美的追求）甚至多个大类作为视频号的定位，那么就是定位太宽。

2.2.3 定位太窄

定位太宽不好，但定位太窄也不行。定位太窄就意味着受众会很少。受众少，你的视频号运营得再好关注量也不会多。

比如，有一个美术类视频号创作者，他把自己想讲的内容分成了几个系列，向我咨询这几个系列的视频是用几个账号分别发布，还是都发布在一个账号上（如图 2-1 所示）。其实"美术"这个定位已经是比较细分、精准的定位了，如果初期就做得更细分，受众就会很少。

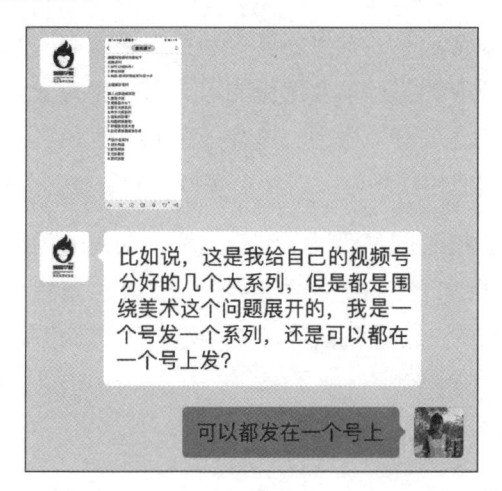

图 2-1

还有一些人，他们的职业领域非常垂直，本身受众就很少，这该怎么办呢？可以通过调整定位来扩大受众基数，下面分享两个我的咨询案例。

有个小提琴爱好者，她的账号的视频内容大多数是一些小提琴曲的推荐和赏析。这个视频号创作者长得漂亮，推荐的音乐好听，可以说她做得很用心，但是账号运营得不够理想，哪里出了问题呢？受众太少。

喜欢古典音乐、小提琴曲的人毕竟是极少数的。受众基数小，内容上再用心粉丝也不会太多。那该怎么办呢？

我的建议如下：在不改变领域（小提琴曲的推荐和赏析）的情况下让内容对更多的人有用，从而扩大受众面。具体的做法是，推荐一首音乐，告诉大家这首音乐在什么场景中使用会特别好以及在哪里可以下载，比如这个曲子特别适合活动前暖场，那个曲子特别适合给励志类的短视频做背景音乐等。那么，对于在工作、生活中需要用到音乐的人来说，即使他不喜欢古典音乐、没时间欣赏，你的账号对他来说也是有价值、值得关注的。

还有一位专业的康复师，擅长运动损伤治疗和术后康复治疗。他的账号里的内容都是他为别人做康复治疗的片段，这类内容的受众比第一个案例的更少。

那要怎么增加受众呢？我的建议是内容可以定位为纠正那些在运动和生活中可能对身体造成损伤的动作。

现在，网上有很多教人减脂、增肌的视频，不管是否专业，在大多数视频中都说"这个动作可以让你七天练出马甲线"。然而，很多人的动作都不标准，甚至会造成运动损伤，市面上非常缺少"打假"及"纠正错误动作"的视频。如果定位改成这个，那么受众就是所有关注运动及健康的人。而且作为专业的康复师，与其他健身教练相比，他说的话会更有信服力。这样一个充分体现自己优势、有差异化、受众相对较广的定位是让他的视频号吸引到更多粉丝的基础。

所以，初期定位要精准但不要过于细分，要先聚集一批粉丝。到后期，如果你发现发布你做的这个领域视频的视频号太多了，你再去聚焦，这样穿透力会更强。你要用最鲜明、最突出的一点进入消费者的心智，打造难以复制的核心竞争力。

2.2.4 禁不住诱惑导致定位混乱

做视频，要耐得住寂寞，经得起诱惑，绝大部分人都要经历自己的视频无人问津的阶段，你要避免采用"焦虑性动作"。

不知道有多少人是这样的，本来已经明确了定位，但看到别的领域的某条视频很受欢迎，就想去做类似的内容。真的，这样的诱惑太多了，在视频号上还不明显，你在其他成熟的视频平台上看到很普通的视频（比如，拍农村的）得到了100万次点赞，不心动吗？你一心动就想模仿，在模仿后会发现自己的流量比人家差太多了。

即使模仿的这条视频的数据还不错，也会出现只"涨赞"不"涨粉"（在互联网行业中"涨粉"是指粉丝数增加）的情况，除非你能长久地输出类似的内容，也就是转变视频号的定位，否则个别不相关的视频火了，对你的账号没有意义。

比如，我有个朋友把微博上的一条热门视频发布在视频号上做了测试，这条视频的数据确实还不错（如图2-2所示），但粉丝数没有增长，他自己也说不会再做这种尝试，因为随意模仿最终会导致账号变成"四不像"，什么人群都没抓住。

所以，你要想清楚自己做视频的目的是什么，然后要按照这个方向做下去，至少要坚持两三个月，如果不行，那么再换方向。

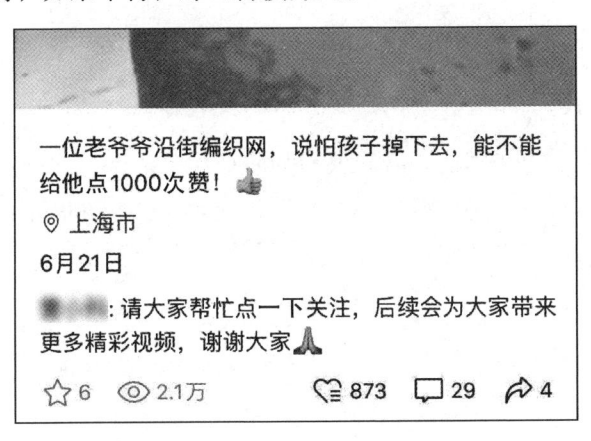

图 2-2

实战练习2

随意在视频号中翻看，找到三个定位存在问题的视频号，并列出它们出现了什么样的定位问题。当局者迷，旁观者清，你在多看别人的视频号，发现别人的问题后，在自己做的时候，就能很好地避开这些问题。

视频号	定位误区
1.	
2.	
3.	

2.3 用三个方法找到视频号定位的大方向

2.3.1 从职业定位中找方向

有个"小姐姐"是做服装定制的,但对传统文化很感兴趣,所以她想把这两类内容都发布在视频号上。但按照 2.2 节讲到的,定位要尽量垂直,所以肯定不能在一个视频号上发布两个不相关的主题。应该怎么选呢?

如果你也遇到了这种情况,既想发布与职业相关的又想发布与兴趣相关的,那么我建议你优先选择发布与职业相关的。因为视频号会和你的事业相辅相成,达到"1+1>2"的效果。

如果你是职场白领,那么视频号的定位和你的职业定位一致可以起到以下三个作用:一是可以帮助你打造职场人设,让你的领导、同事、合作伙伴看到你的能力;二是帮助你破圈,让你获得更多的机会;三是输出会倒逼输入,不断地学习、分享会让你在自己的领域更加专业。

如果你是微商、店主、创业者,视频号的定位和你的职业定位一致,你就可以通过视频号带货、往线下店引流、给自己的项目/产品增加曝光量。

所以,如果你已经有了非常清晰的职业定位,那么你的视频号定位的方向就用你的职业定位。

2.3.2 从自身优势中找方向

如果你是一个斜杠青年,有多重身份,或者你的职业没什么好说的,甚至你都没打算长久做这一行,那么要在视频号上发布什么内容呢?那就找到自己最大的优势,哪怕这个优势是笑起来很好看。

自我认知非常精准的人是很少的,大部分人都不知道自己真正擅长什么、喜欢什么。所以,下面教你两个办法找到自己的优势。

1. 成就感评估法

如果你在一件事情上非常有成就感,那么你很可能是擅长做这件事的。所以,你只要找到让自己最有成就感的事,就能找到自己的优势了。

如何通过成就感评估法判断自己的优势呢?有下面三个步骤。

1)梳理

你可以回忆自己做过的事情,并列出让自己有成就感的那些事。比如,小文做过的工作有商务合作洽谈、写推广文案、做助理等,平时的爱好有看书、旅游、摄影。他想确定自己最擅长哪个类别,表 2-1 是他的经历中的一些片段。

表 2-1

经历中的片段	A	B	C	D
时间	2016 年 1 月 1 日	2017 年 2 月 10 日	2018 年 11 月 11 日	2019 年 5 月 23 日
事件	撰写元旦营销文案	和某世界 500 强企业谈成合作	拍摄双十一主题的短视频	去敬老院志愿服务
成就感	获得领导、同事好评,大量用户主动转发他写的文案	在公司年会上获得表彰	200 万人次观看、"涨粉" 3 万人	受到老人们喜爱

2)合并

小文的成就感来自几个比较零散的事件,他该怎么做呢?其实不难,找出事件之间共性的关键词,再按照关键词进行合并即可。

片段 A 和片段 C 可以归为一类。营销文案的撰写和短视频的拍摄都需要有精心的策划,才会有很好的传播力。所以,"策划能力"就是这两个事件合并后的关键词。片段 B 和片段 D 可以归为一类,可以提炼出共同点"沟通能力"作为关键词。

3）分析

在归类后要将优势进行排序。

合并后的优势有两个：沟通能力和策划能力。小文认为与策划相关的事件给他带来的成就感更大，或者策划能力对他未来的发展会有更大的帮助，那么他就可以把"策划"当成视频号定位的方向。

2. 寻求夸奖法

如果有人夸你口才好、文笔好，而且还不止一两个人这么夸过，那么这很可能就是你的优势。当然，你可能不记得或者记不全别人曾经怎么夸奖你，那么可以主动出击，去做一次小调查。

你可以选取至少20人，在他们中最好包括你的家人、朋友、同学、同事、领导等。人物角色越丰富，你得到的答案越全面。

你可以问他们以下几个问题：

- 你认为我有什么特殊的才能？
- 你认为我的最大的特点是什么？
- 你觉得我最吸引你的特质是什么/我的哪一个特质是你想具备的？
- 在 A、B、C、D（你感兴趣或者你认为擅长的事）这些事中，你觉得我最适合做什么？
- 你在向别人介绍我或者我的工作时会说什么？
- 如果你试图说服别人雇用我，那么你会说什么？

你要把答案整理成表 2-2 的形式。

表 2-2

人　物	同学 A	同学 B	同学 C
夸奖的内容	特别善解人意	学习很认真	聪明，成绩好
提炼关键词	情商	学习态度	学习能力

最后，出现频率最高的关键词，就是你的最大的优势。

2.3.3 从兴趣爱好中找方向

通过上面的方法，你已经找到了你所具备的优势，可是假如你不喜欢自己的优势，没有一技之长，那么应该发布什么内容呢？

首先，你需要明白一点，并不是一定要成为一个领域的专家，才可以去聊相关的话题。假如你的英语水平很差，但是你现在想学好英语，那么可以每天把学习到的最有价值的东西分享出来。有人需要专业的英语老师讲的内容，也有人需要像你这样能陪着他们一起成长的伙伴。

其次，假如你有很多感兴趣的方向，但是不知道该选择哪一个。那么就把所有的兴趣都写下来，并写出喜欢的理由，在写的过程中，你会慢慢地体会到什么是自己真正想做的。

最后，如果你还很纠结，既喜欢唱歌、画画，又想学英语，那么要对所有感兴趣的事进行分析。你需要分析的是，什么是未来对你帮助最大的，或者什么是受众最多、最容易变现的。毕竟做视频需要投入很多的精力，要想坚持，要么你发自内心热爱，要么它能带给你实际的好处。

实战练习 3

根据本节讲到的三个方法，填写下面的表格（三张表格都要填写），找到最适合自己的视频号定位的方向。其他定位的方向作为备选，在定位的第六步中会用到。

（1）从职业定位中找方向。

我的主业		
我是否希望在这个领域继续发展，并且想在视频号上发布与职业相关的内容	是（继续填写下面的内容）	否（直接填写下一张表格）
所以，我的视频号定位的方向，即职业定位是什么		

（2）从自身优势中找方向。

成就感评估法								
经历中的片段	A	B	C	D	E	F	G	
时间									
事件									
成就感									
合并类似的成就感，得到多个关键词								
哪个关键词对应的事件带给我的综合成就感更大：								

寻求夸奖法										
人物									
夸奖的内容									
提炼关键词									
出现次数最多的关键词是：									

(3) 从兴趣爱好中找方向。

我感兴趣的方向						
喜欢的理由						
能给我带来什么实际的好处						
真正想做/适合做的是：						

2.4 竞品分析

通过 2.3 节的方法,你已经找到了视频号定位的方向,它可能是你的职业、最大的优势,也可能是你的兴趣。可是在有了大方向后,比如做美食,这个范畴还是很宽泛的,具体的定位应该怎么找呢?

你不能闭门造车凭感觉去定位,而要先了解竞品都在做什么,再根据目的来确定具体的定位。

2.4.1 找到竞品

你要对竞品进行分析,首先要找到至少 20 个竞品。怎么找呢?有以下两种方法。

(1) 在新榜、视向标等网站中,找到你做的领域的视频号榜单。

(2) 搜索关键词。比如,你做的领域是美食,就可以在视频号中搜索关键词"美食"(如图 2-3 所示)。所有认证为美食博主的账号都会出现。这些账号就是你的竞品。

除了账号,搜索关键词还会搜索出标题里有"美食"两个字的视频。你在这些视频中可以找到"爆款"视频(简称"爆款"),把"爆款"的账号也收集起来。

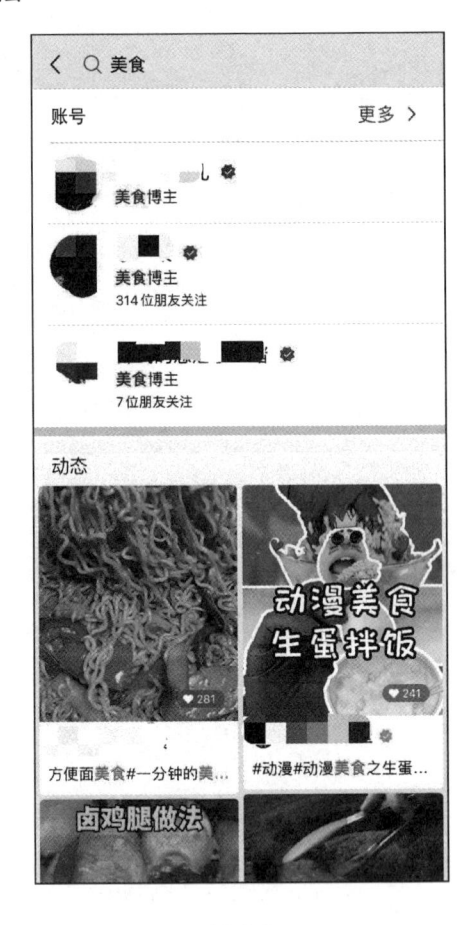

图 2-3

2.4.2 拆解分析

现在，你已经收集了至少 20 个账号，接下来要对这些账号进行拆解分析，主要分析以下三个方面。

1. 视频号的内容定位

比如，做减脂餐、甜点、家常菜等。

2. 视频的展现形式

视频的展现形式大致分为以下几类。

(1) 真人出镜（如图 2-4 所示）。在视频号上，很多人都采用演说的形式，也就是全程对着镜头表达内容。

图 2-4

（2）文字动画/手绘动画加配音（如图 2-5 所示）。一些不想出镜的人做视频就会采用文字动画或者手绘动画的形式来展现内容，在第 6 章会讲到这类视频的制作方法，非常简单。

图 2-5

（3）录屏解说（如图 2-6 所示）。操作类的视频非常适合使用这种形式，比如讲解怎么修图。还有些内容是用 PPT 来讲解的，也用录屏的形式把整个 PPT 的演示过程录制下来。

图 2-6

（4）对自己拍摄或从网上下载的素材进行剪辑（如图 2-7 所示）。比如，把自己拍的旅行视频、日常生活视频作为画面，再配上音乐、文字、画外音等。励志类、生活类视频基本都用这种展现形式。

（5）剧情演绎（如图 2-8 所示）。很多搞笑类、爱情类、职场类的视频都会用剧情的方式来表达。与前四种展现形式相比，剧情类视频的操作难度较大，基本都是团队运作的。

在分析了视频的展现形式后，还要再进行更细化的分析，包括拍摄场景、拍摄手法、视频包装、风格调性等。比如，拍摄场景——农村；拍摄手法——远中近景穿插；视频包装——有字幕、背景音乐和转场动画，画面宽高比为 16∶9，封面是单独设计的；风格调性——清新文艺。

图 2-7

图 2-8

3. 最大的特色

这个范畴很大，可以是内容有特色，也可以是展现形式的某个方面有特色，还可以是视频号创作者本人有特色等。总之，最大的特色是你觉得这个账号和别的账号的最大不同点。比如，用粤语配音、有故事情节、实用性很强等。

实战练习 4

找到 20 个竞品，并进行分析，填写下面的表格。

账号名称	内容定位	展现形式	最大的特色
1.			
2.			
3.			
4.			
5.			
6.			
7.			
8.			
9.			
10.			
11.			
12.			
13.			
14.			
15.			
16.			
17.			
18.			
19.			
20.			

2.5 明确目的

你为什么做视频号运营？在定位时，你一定要想清楚这个问题，不同的运营目的对应着不同的定位方法。

我把所有视频号分为三大类，它们对应着三种运营目的。

第一类是自媒体账号。运营这种视频号主要的目的是获取流量并用流量变现。比如，我在把视频号做成××领域的大号后，就可以接广告变现、和某个厂家合作为其带货来变现或者直接在小商店中销售有佣金的商品。

第二类是打造品牌（包括个人品牌和企业品牌），并借助粉丝的信任来变现的账号。比如，我通过视频号展示了自己的专业能力，获得了更好的工作机会或者通过知识付费变现；又如，我通过视频号传达了企业的理念、产品的优势，扩大了影响力并提高了销量。

第三类是把视频号当成朋友圈发布视频的账号。运营这种视频号的目的就是简单地记录和分享，这种视频号创作者就没有必要刻意地想定位的问题了。因此，本章的内容都是针对前两类账号来讨论的。

有人会说，既想打造品牌，又想成为流量大号怎么办？并不是说你选择了其中一种运营目的，另一种运营目的就一定不会达到，只是在定位阶段，你要有所取舍，先要想清楚主要的运营目的，用它来定位，然后在做视频号运营的过程中，通过优质的内容和巧妙的运营，另一种运营目的可能顺便就达到了。

2.6 运营的主要目的是流量变现，应该怎么找到定位

我们已经找到了大方向、拆解了竞品，也明确了自己的运营目的，那么要怎么找到具体的、合适的定位呢？如果你做视频号运营的主要目的是想做一个流量号，未来通过广告或者给别人的产品带货来变现，那么这个方向里哪类内容的流量更好（内容要符合平台的要求），你就要把视频号定位为做这类内容。具体步骤如下：

（1）筛选出你能够实现的内容定位和展现形式。比如，去农村拍视频对于你来说不现实，那这个内容定位和展现形式就不能选。

（2）在筛选出的内容定位中，你再选择流量最多的那类。比如，家常菜和减脂餐你都能做，但是你发现，只有一两个发布做家常菜视频的视频号运营得不错，而

发布做减脂餐视频的有多个流量大号。假如是这样，那一定不是因为发布做家常菜视频的视频号少，而是说明减脂餐比家常菜更刚需、更受欢迎，所以更容易出现大号。

（3）在筛选出的展现形式中，你要选择时间成本最小的。你的目的是做一个自媒体账号、流量号，你每天做一条视频肯定要比一周做一条视频出现"爆款"的可能性大，因为视频的基数大。如果你不是靠团队运作的，想做到持续更新，就要把难度降下来，这样才容易坚持。

（4）你还需要一个和同领域的其他号区分开的鲜明的特点。这个特点怎么找呢？

首先，尽量避开在2.4.2节中列出的竞品的特点。然后，在2.3节列出的职业定位、自身优势、兴趣爱好中选择一个方向和你现在的定位进行融合。

比如，你的声音很好听，那么你的视频就都加上配音。你要去买专业的录音设备，学习修音软件的使用方法，把声音的优势发挥到最大。再如，你特别擅长写段子，就可以把美食的制作过程用更有趣的方式表达出来。

（5）把内容定位、展现形式和最大的特色整合在一起，这就是你的视频号定位。

实战练习5

如果你做视频号运营的主要目的是获取流量、通过流量变现，那么可以填写下面的表格，找到自己的定位。

我能够实现的内容定位是什么		其中流量最多的是什么（我的内容定位是什么）	
我能够实现的展现形式是什么		其中时间成本最小的是什么（我的视频展现形式是什么）	
我的其他优势、兴趣是什么		能和目前的定位融合的是什么（我的视频号最大的特色是什么）	

2.7 运营的主要目的是信任感变现，应该怎么找到定位

在 2.1 节中提到，在用视频号打造了个人/企业品牌后，就能够通过信任感变现。比如，很多做红酒生意的人在视频号上展现自己的专业度，介绍红酒知识，由此获取粉丝的信任，粉丝就会更愿意购买他们的红酒。

成功打造一个品牌的标准是做到某个领域的第一名。所以，与做流量号最大的差别就是，你不能看见哪个领域的流量大就去做哪个领域的视频，而要根据自身特点找到差异化的定位，成为某个细分领域的佼佼者。

要想打造个人品牌，你首先要找到自己的人设定位，然后通过视频号来展示并强化这个定位。打造企业品牌也是这样的。

本节都是从打造个人品牌的角度写的，如果要打造企业品牌就把企业拟人化代入，方法是一样的。

2.7.1 视频号是打造个人品牌的最好平台

打造个人品牌的好处很多，简单来说，就是让你能够做更多自己想做的事，不管是在物质层面上还是在精神层面上你都能获得更大程度的满足。

从物质层面上来说，假如你是职场人，那么你打造的人设会成为最好的简历，会有工作机会主动找上门；假如你是创业者，那么你的人设会吸引志同道合的创业伙伴和投资人，还会有用户因为喜欢你而喜欢你的产品。从精神层面上来说，一个有专业能力且具备影响力的人，将接触到更多优质的资源，包括人脉资源和信息资源，也会得到更多的信任和认可，他的幸福感和成就感都会增强。

为什么视频号是打造个人品牌最好的平台呢？

1. 视频号比抖音更适合打造个人品牌

你可能发现了，我没有说让你去成为"大V""网红"，因为这类人永远是极少数的。如果没有天时地利人和，你就算拼尽全力也不太可能成为他们中的一员。如果你比较务实，没有"网红梦"，更多的是想让自己在专业领域中得到认可，塑造自己的人设，那么视频号绝对是不二选择。原因很简单，视频号是成长在社交关系上的。

在抖音上，你只有成为很有影响力的"大V"，在现实生活中和你有交集的人（比如，你的同事、领导、同学、合作伙伴、客户，以及一切潜在的能在你的事业和生活上助你一臂之力的人）才可能知道并关注你的能力。但是，在视频号上，你的微信好友是可以在他们的视频号中刷到你的视频的，就算他们不看视频号，你把视频发布在朋友圈、社群，也可以影响他们，而且还可以影响他们的朋友，也就是说，通过视频号你可以影响你的二度、三度人脉。视频号还可以链接公众号文章，让短内容结合长内容，全方位地展示你自己。

2. 视频号比微信公众号更适合打造个人品牌

（1）用视频号结合公众号，打造个人品牌的效果会更好。

（2）与公众号运营相比，视频号运营更好上手。你对着镜头说30秒~1分钟就可以拍好视频并发布出去，但并不是每个人都有精力和能力撰写一篇公众号长文的。

（3）视频号的内容是有公域流量支持的，系统会把你的视频分发给可能对它感兴趣的人，而公众号文章没有系统推荐。

（4）视频号非常适合从多个维度塑造人设。你的人设实际上是由你的独特优势和你的特质标签共同形成的（2.7.2节和2.7.3节会详细讲），也就是既要体现你的专业度，也要体现你的性格特点。在公众号的文章中，你不太可能写自己的生活，更多的是进行专业分享，而在视频号上你除了分享专业知识，还可以分享生活的视频，因为视频号本来就鼓励大家分享真实的生活，提供了这个氛围。

2.7.2 找到你的独特优势

你的完整人设由两部分组成：一是你的独特优势，它反映的是你的能力。二是你的特质标签，它反映的是你最鲜明的性格特点或价值观。别人可以通过你的优势发现你，再通过你的特质喜欢上你。比如，你擅长做PPT。观众通过你分享的做PPT的技巧发现了你，然后通过"有趣"这个特质喜欢上你，最后成了你的忠实粉丝。

如何找到自己的独特优势呢？这是一个聚焦的过程，你的优势越垂直、越具体，你在潜在用户的心里就越容易留下印象和深刻的认知，你的"人设"就越清晰。比如，你给自己的人设是"资深产品经理"，这个人设就太大众化了，做了几年产品、有些成绩的人都可以这么给自己定位，所以这是无效人设。

那怎么办呢？你需要具有整合思维。别忘了，你还懂心理学并了解金融行业，那么可以试着和原来的人设整合一下。

如果你给自己的人设是"最懂用户心理的金融类产品经理",这就是有效的人设:第一,锁定了你的受众;第二,突出了你的核心能力;第三,有特点,能让人记住。所以,你的独特优势是可以通过各个优势有机整合得到的。

记住这个公式:2个技能+1个行业=你的独特优势。

你需要有一个核心技能,比如产品能力。这个核心技能其实就是在2.3节中找到的方向。你还要有一个稍次于它但能够为它润色的次核心技能,比如心理学。这可以是你所具备的技能里排名稍靠后的技能,也可以是你还不具备,但有兴趣学习的技能。注意,它要能和你的核心技能很好地结合。如果与核心技能完全关联不上,它就不宜作为次核心技能。

你还可以为自己选择一个细分的行业,比如金融业,这样更容易脱颖而出。那么你的初步的人设定位就是"最懂用户心理的金融类产品经理"。

为什么你的受众愿意相信你能给予独特优势呢?你的独特优势必须可信,具备说服力。你可以从以下几个方面来说明,并在你的视频号简介中体现出来。

(1)教育。比如,你获得了某著名大学的学位或者参加了特殊的培训。

(2)经验。比如,你在某个领域工作了很多年或者写了一本与你的独特优势相关的书。你也可以做讲座,进行研究,创立或者参与项目,使得你特别有资格提供你的独特优势。

(3)被认可。比如,你在其他自媒体平台上有很多粉丝,大家都觉得你在这个方面很专业或者有某位"大佬"为你站台背书。

不管使用什么形式,它们都需要足够有力,使得你的受众相信你能够满足他们的需求。

可能有些人的优势还不具备以上条件,那么我建议你通过以下几种刻意练习的方式来打造。

(1)进行专题阅读。你要选择与自己的优势相关的方向,购买10~20本相关图书进行精读,做阅读笔记,掌握书中的精华内容,并将其制作成主题演讲PPT。当你能对这个主题进行2小时的主题分享时,就说明你已经基本掌握了与这个优势相关的基础理论知识了。

(2) 积累实战经验。你要多看、多听、多做与你的优势相关的项目和工作，在实际工作中积累经验，向在这个领域中具有丰富经验的资深人士请教，甚至可以参与一些没有报酬的脑力和体力劳动，快速地实现从知识和理论到经验和能力的转化，从而为打造独特优势铺垫扎实的道路。

(3) 参加与自己的优势相关的讲座，学习专业人士的经验，并和与这个优势相关的圈子建立联系，参与讨论，研究别人的视角，发现自己需要继续补足的地方，在接下来的时间里一一补足。通过这样的社交活动，你还可以积累自己的优势所在领域的人脉，在他们中可能有人会成为你打造独特优势的贵人和导师。

2.7.3 找到你的特质标签

你一定有自己的偶像，他不一定是他所在领域中专业能力最强的，但你会觉得他有一种人格魅力，所以与其他人相比，他格外吸引你。这种人格魅力就是他的特质标签在发挥作用。

你的独特优势会让一些有相关需求的人找到你，但如果你想让他们喜欢你，和你产生更长久、更密切的关系，你就需要体现你的特质，让他们感受到你是一个活生生的有个性的人，而不是一个冷冰冰的标准化的产品。

1. 什么是特质标签

独特优势是一个名词，比如，我是一个视频号研究者，他是一个 PPT 达人，而特质标签是一个形容词，是你的态度、个性、气质、品质的集合体，比如你是有趣的还是博学的，是平易近人的还是敢爱敢恨的。

比如，在很多投资人中，徐小平被誉为"中国最可爱的天使投资人"，可爱就是他的特质标签，他的特质标签使他区别于其他同样优秀的投资人。

2. 怎么找到自己的特质标签

如何发现自己的特质呢？下面是一些你可以向身边的人提的问题，可以让你更好地了解你的特质是什么。

(1) 在想到我的时候，你最先想到的几个描述性词语是什么？

(2) 你最想拥有我的哪个特质？最不想拥有的是什么？

(3) 如果你要给我介绍男/女朋友，你会怎么向他/她推荐我？

最简单的是，你可以发朋友圈：请用三个词来形容你心目中的我。

你可以问问你的同事、客户、同学、朋友、亲人，在听完他们的评价后，做自我检查，看看你是不是这样的人、你要怎么改善、他们说得对不对。这让很多人非常迟疑，觉得不好意思。其实大多数人担心的是他人的评价并不是自己想要的。但这个调研非常有价值，因为在很多时候，他人对你的认知比你对自己的认知更正确、更全面。

在研究你的特质时，你可能发现你的特质和你的独特优势不匹配，甚至是冲突的。比如，你是一个程序员，但大家认为你的特质之一是想象力丰富，而你的受众（比如，你的雇主）可能更希望你是逻辑缜密的。所以，这个特质不适合作为你的特质标签。

不过，如果你说你自己是一个逻辑缜密的程序员，那么这可能是一句废话，因为我们几乎把程序员这个职业和具备逻辑缜密的特质联系起来了，这样一来，你所强调的特质并不能帮助你打造更强大的人设。

那么该怎么办呢？你要选择那个和你的独特优势既不冲突也不重合的特质作为你的特质标签。作为一个程序员，思维发散是和独特优势略有冲突的特质，逻辑缜密是和独特优势有重合的特质，但是幽默风趣，就是为你的独特优势加分的特质。

特质也是可以开发的，当然不同于能力。你的个性通常是与生俱来的，或是后天形成的但已经在你的身体内沉淀了十几年、几十年，改变会比较难，那你就需要弱化和独特优势冲突的特质，强化那些相对匹配的特质。

如果你想开发新的特质，那么应该怎么选择呢？下面的练习能够帮到你。

（1）列出你欣赏、钦佩的人。他们可以是你身边的人，也可以是名人。你至少要列出3个。

（2）仔细想想他们身上的哪些特质让你觉得他们极具人格魅力。

（3）把这些特质一一列出，并找出共同点。

最后，你可能发现你欣赏并钦佩的那些人都很谦逊。对于你来说，谦逊就是比其他一切都重要的特质，也就是你想应用于你的人设的特质标签。当然，你选出来的这个特质一定要遵循刚才讲的，和独特优势既不冲突，也不重合。

2.7.4 视频号的内容定位

既然要塑造自己独特的人设，内容肯定就会垂直细分，而垂直领域的用户量有一个明显的特点：存在天花板。

比如，你的人设是"幽默且最懂用户心理的金融类产品经理"，其中"幽默"是你的特质标签，"懂用户心理的金融类产品经理"是你的独特优势。

在做垂直类视频的时候，你的定位可以是做一个幽默的产品经理，也可以是作为一个产品经理如何读懂用户心理，还可以是一个更细分的领域：作为一个金融类产品经理如何读懂用户心理。

哪个内容主题最好呢？显然是第二个：作为一个产品经理如何读懂用户心理。

你在塑造人设时，之所以要定位到一个行业，是为了让你更具辨识度、更容易脱颖而出。不过，在做视频号定位的时候，你还要考虑用户基数。而用户心理学不一定要局限在金融领域，所以，在做视频的时候你完全可以跳出行业。在什么情况下你可以选第三个内容主题呢？就是你发现市面上已经有很多给产品经理讲用户心理学的内容了，这时为了差异化，你就要细分到自己的领域。

为什么第一个内容主题不行呢？因为很显然，对于一个产品经理来说，他不一定关注自己是否幽默，但他一定想学习用户心理学。

在这个例子中，幽默这个特质虽然不适合做内容主题，但是可以运用到你的讲解中，谁不喜欢听人讲有趣的知识呢？它会让你更容易被人记住且被人喜爱。

所以，视频号的内容定位可以分三步进行：

（1）把人设定位的核心技能和其他各个部分（次核心技能、行业、特质）进行排列组合。

（2）把组合后的定位和 2.4 节列出的竞品做对比，筛选出和大部分甚至全部竞品有差异化的定位。

（3）从筛选出的定位中选择受众最多的。

比如，将两个技能进行组合：在视频号上有一个艺术博主，他把自己的跳舞和摄影能力进行整合，形成了独一无二的定位——舞蹈摄影师。他一定不是跳舞最好的，也一定不是摄影最好的，但他是全网最好的舞蹈摄影师。

再如，将核心技能和行业、特质三个方面进行组合：有一个搞笑类博主，他把销售化妆品的工作通过剧情的方式演绎出来。别的搞笑类账号可能什么都演，而他把表演能力和搞笑的特质运用在自己很了解且受众广泛的化妆品行业，做到了极致。

2.7.5 视频号的展现形式

既然你做视频号运营是为了打造个人品牌，那么哪种展现形式更有辨识度、更能让别人记住你，你就用哪种。

1. 真人出镜

如果你长得足够有特点，那么你的脸就是独一无二的标识，你不需要再多做什么就可以建立起辨识度了。

如果长着一张大众脸，那么怎么让观众记住呢？你可以利用发型、服装、配饰，甚至道具加强自己的特色。比如，剃光头、穿红衣、佩戴夸张的配饰等。

你还可以用声音、标志性的动作等来建立辨识度。比如，在视频号"报大人的无聊生活"的视频中，报大人用低沉、缓慢的语调来讲话，就特别符合无聊这个特点，很有辨识度。

2. 不出镜

不想出镜怎么办？也有建立真实感和辨识度的方法，只是会比真人出镜在制作上复杂一些。

首先，你不要单纯地用文字+配音的方式（除非声音好听就是你的人设定位）。一是很多人用这种方法，无非是字体、颜色不同，很难建立辨识度。二是这种视频很像批量做号的机构做的，很难让人有好感。

其次，你可以想一想，你的其他特点或爱好有没有能融入视频号中的。比如，我喜欢拍 Vlog，所以有很多旅游或生活的素材，我会把这些素材作为视频的画面，在讲视频号知识点的同时带观众去看一个地方，这就和其他知识类的视频形成了差异。

如果没有可以融入的特点或爱好，就在封面设计、视频包装方面多下功夫，形成统一且能够让人眼前一亮的风格。比如，我有很多操作类的视频都是录屏讲解的，这种形式很普通，但因为我的封面和视频的版式都采用了简约清新的风格，和大部分知识类的视频都不一样，也能给观众留下深刻的印象。

我在前面举过一个例子，有个人的职业是服装定制，但她对传统文化很感兴趣，她就可以把传统文化融入服装视频中，比如，在背景音乐中添加一点古风，把文案写得更诗情画意一点，为视频的字体、封面等增加一些传统文化的元素。总之，你可以通过视频包装的各个维度来塑造你的视频风格。

最后，在确定了视频风格后，你就要不断强化视频的风格，不要一会儿一变。当然，隔一段时间你可以改版一次，逐步优化。

实战练习 6

如果你做视频号运营的主要目的是打造个人品牌、通过信任感变现，就填写下面的表格，找到自己的定位。

1. 找到自己的独特优势。

我的所有优势	
筛选后的核心技能	
次核心技能	
我的独特优势（2 个技能+1 个行业）	
我的独特优势为什么可信/如何让我的独特优势可信	

2. 找到自己的特质标签。

	熟悉我的人对我的评价（关键词）	和我的独特优势既不重合也不冲突的特质
发现已有的特质		
想开发的新的特质	我的偶像	他们共有的特质

3. 确定视频号的内容定位。

我的人设 （2个技能+行业+特质）	
将人设定位的各个部分 进行排列组合	
和竞品有差异的定位	
其中受众最多的内容定位，即我的视频号的内容定位	

4. 根据是否需要出镜，填写下面的表格，确定视频号的展现形式。

真人出镜	
我的外貌特点	
可以用哪些方式加强特色	
不出镜	
我的特点/爱好	
如何融入视频中	

2.8 不断尝试

你现在已经找到了视频号的定位，不过这只是初步定位，你还要去试一试这个定位是否合适。

你可以先按照已经找好的定位，去创作并发布视频。如果你发布了 5～10 条视频，并且也在朋友圈、微信群做了推广，但视频的流量一般或者每条视频的关注量、点赞量很少（个位数），那么可以试着调整定位。

调整定位可以从大方向上进行调整，也可以对垂直内容定位进行调整，还可以对展现形式进行调整。比如，你热爱美食，也热爱运动，但你在进行自我分析后，发现自己最擅长和最喜欢的是美食，所以你的视频号的初步定位可以是做美食这个方向，你通过2.6节所讲的内容确定了垂直的内容定位是做减脂餐，展现形式是拍摄做减脂餐的画面并用小孩子萌萌的声音来配音。

你在发布了几条视频后发现，每条视频的播放量只有几百次，关注和点赞的人数是个位数的，这时你就可以调整定位了。

你可以调整大方向，比如尝试拍摄运动类的内容。怎么选择新的方向呢？在2.3节的实战练习中把已经用过的方向去掉，然后在剩下的方向中选择你最擅长或者最喜欢的。然后，你再根据这个方向去做竞品分析，确定垂直内容定位和展现形式。

我的视频号最开始发的是关于旅游的内容，我自认为视频的质量很高，播放量也不错，但关注量很少，每条视频只能增加几个粉丝。后来我发布了一条标题为《视频号开通前必做》的视频，吸引了2000多个粉丝。然后，我就决定把视频号定位确定为分享视频号知识，也就是把视频号定位从和兴趣相关的方向转到了和职业相关的方向。

你也可以在既定的方向下调整垂直内容定位，比如从做减脂餐调整成做甜点。怎么确定新的垂直内容定位呢？你可以在2.6节或2.7节的实战练习中把现在的内容定位去掉后再做选择。

有个影视综艺类的视频号，最开始分享的都是爱情综艺节目《爱情保卫战》里的精彩片段，每条视频的点赞量只有几十次。后来，这个视频号在一条视频中分享了《奇葩说》里傅首尔的一段经典语录，这条视频一下子就成了"爆款"，点赞量为2万多次。之后，这个视频号就持续输出傅首尔的语录，每条视频的点赞量都非常高。在发布完傅首尔的经典语录后，这个视频号就开始发布其他语言综艺节目里的精彩内容，点赞量保持在1000次左右。从最开始的爱情综艺节目到语言综艺节目，这个视频号的大方向没变（都是综艺），但对垂直内容定位做了调整。

定位的前五步都是让你找到适合自己的定位，但如果你想要找到既适合自己又有不错流量的定位，那么要靠不断尝试。

很少有人在第一次确定定位时就能获得不错的流量，可能在尝试十几种定位后才能找到既适合自己又有流量的定位。所以，虽然我们要做到定位垂直，但那是在确定了视频号的定位后才要做的事。在视频号运营初期，我们要做的是多尝试。

只有选择正确，你的努力才能创造更多价值。

实战练习 7

在视频号运营初期如果做出了"爆款"（播放量为 10 万多次），就可以直接选择这个视频的定位继续做下去，否则至少要尝试五个定位，然后从中选择数据最好的方向来作为最终的定位。如果数据差别不大，比如两个方向的平均播放量分别为 3000 次和 2000 次，就选择排序更靠前的定位，至少它是最适合你的，这样你才能坚持做下去。

定位	平均播放量	平均点赞量	平均涨粉量
第一定位			
第二定位			
第三定位			
第四定位			
第五定位			
最终确定的定位			

第 3 章
用"精装修"留下完美的第一印象

3.1 如何起一个好名字

3.1.1 从做视频号运营的目的出发

视频号起什么名字呢？很多人都因为不知道用什么名字，所以在做视频号运营的第一步——创建账号的时候就停住了。

因为视频号不能重名（如图 3-1 所示），所以在获得发布权限后，你要在第一时间创建账号，要不然好名字就都被抢走了。

名字已被使用，请修改后再试。

修改名字

白玉珊

今年还可修改2次。

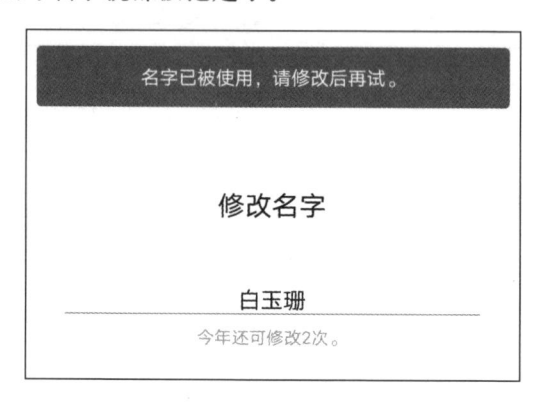

图 3-1

有些人会告诉你很多起名字的套路、什么样的名字更具有传播力。这没有错，但不适用于所有人。做视频号运营的目的不同，起名字的方法是不一样的。

运营目的大致可以分为两类，在第 2 章中提过。

（1）打造个人品牌（下文把这类视频号称为博主号）或者传播公司品牌（下文

把这类视频号称为企业号），通过信任感变现。

（2）获取流量（下文把这类视频号称为自媒体号），通过流量变现。

3.1.2 怎么为博主号/企业号起名

如果你的主要目的是打造个人品牌，建立某个专业领域的影响力，你的视频号定位也是和你的职业相关的，那么那些起名字的套路你就可以忽略了。视频号的名字就用你的真名或者你在职场上惯用的名字。

我以前在自己的自媒体账号上写文章、发视频，内容都是偏生活类的，我没打算在这个领域打造个人品牌，所以都尽量给自己起有趣、好记的名字。

在视频号上，我刚开始发的也是生活类的内容，所以也没有用真名，但当我的视频号定位变成分享视频号知识这个与我的职业相关的内容时，我就把视频号的名字改成了真名。

这是因为如果我给视频号单独起一个名字，那么除非能做到在我的领域数一数二的程度，让人无法忽视，要不然没有人能够把我这个人和我的账号一一对应去记住我的两个名字，也就是说，会产生很多解释成本。

尤其在视频号这个主要以社交链为推荐逻辑的平台上，你是希望你的合作伙伴、同行、客户看到这个账号的精彩内容就知道是你做的，从而打造你的职场口碑，还是让他们看到名字以为只是一个陌生人做的，随手滑过呢？

另外，如果你以后真的在你的专业领域有了一定的影响力，要出席一些重要且正式的活动，那么用稀奇古怪的网名就很不合适。如果你一会儿用真名，一会儿用网名，就意味着你要为两个名字打造品牌。这么做带来的麻烦远大于用网名带来的好处（比如，更好记）。

当然，如果你的名字有生僻字或者太过于常见，那么我建议稍微改动一下。比如，研究个人品牌的张杰斌，他的本名叫张兵，但因为这个名字不具有独特性，全国有5万多个叫张兵的人，所以他自己改了名字。

总之，如果你想用视频号打造个人品牌，就用你的真名或者你在职场上惯用的名字，如果真名有生僻字或者太过于常见而不具有独特性，就在现有名字的基础上做调整。

最后，你还可以在自己的名字后面加上你的视频号的定位，比如，用××聊科技、××音乐教学等作为视频号的名字，让人一看就知道你的视频号是做什么的。

给公司起名也是一样的。

我有个朋友是经营实体店的，他问我要怎么给视频号起名字。他的目的是往实体店引流，我建议他用店名。他开玩笑地说我起名字很敷衍，但你要明白，不是想得久的名字才是好名字，起名字要从目的出发，最适合自己的才是最好的。

3.1.3 为自媒体号起名的五个套路

假如你的目的不是打造个人/公司品牌，而是做一个自媒体号（流量号），那么该怎么起名字呢？这里就有几个套路了。

1. 场景代入

你的视频号的具体使用场景是什么？可以是时间场景、空间场景、行为场景。

比如，"被窝阅读""读首诗再睡觉""办公室奇葩说"，你在读到这样的名字时脑海里就会出现一个具体的场景，印象很深刻。

2. 强调受众

你可以想一想你的视频号的用户定位是什么、哪些人应该关注你。你把这些人的特性展示在视频号的名字上，就更容易吸引到这些人。

比如，"爱知识的人""拆书达人俱乐部""撸狗乐园"。

3. 突出功能

你的视频号的功能是什么？有什么价值？

为视频号起名，最好能简单、直接一些。你可以直接用你的视频号定位的关键词+一个名词或形容词的组合来为视频号命名。

比如，科技领域的"科技先生"、旅游领域的"旅游攻略"。再如，我的微信群里有个人是做面包的，他的视频号名字叫"面包王子"。

这种命名方式的好处在于，如果观众不是刷视频号推荐的视频，而是采取搜索关键词的方法去找相关的内容，就有可能搜索到你的视频号，从而为你的视频号增加流量。

4. 创意吸睛

好的创意总能吸引眼球。

比如，高晓松总是自嘲"矮大紧"，他还和蜻蜓FM联合出品了音频节目《矮大紧指北》，深受好评。我相信在前期的传播中，这个具有创意的名字起了不小的作用。

我和刘兴亮老师做的《亮三点》节目，也是用的这种方法。首先，名字要和"刘兴亮"有关联性，其次还要有趣、易于传播，最后我们就采用了亮三点这个名字。而且在节目中，如果有些内容需要分三点来讲，我们不是用第一点、第二点、第三点，而是用左一点、右一点、下一点。

5. 结合数字

比如，"一分钟看影片""30秒懂车"等都是通过数字强调用比较短的时间就能让用户看到一些精彩的知识或者学习一些技能。这些账号的起名方式将会击中那些希望利用碎片化时间来学习的人的痛点。

对于这几个套路，你可以单独使用某一个，也可以混合使用。

实战练习8

明确自己做视频号运营的主要目的，并按照本节讲到的方法起3~5个名字，最后通过目标受众投票等方式选出认可度最高的名字。

我做视频号运营的主要目的	职场上惯用的名字	视频号的定位	用职场上惯用的名字、惯用的名字+定位组合出三个视频号名字。如白玉珊、白玉珊聊视频号、白玉珊视频号教学		
1. 打造个人/公司品牌					
2. 通过流量变现	场景代入	强调受众	突出功能	创意吸睛	结合数字

找你的目标受众（至少10人）做调查，选出认可度最高的名字：

3.2 视频号的简介怎么写

3.2.1 好的简介遵循两个原则

在关注视频号之前，很多人会先看简介。那些让人看了就想关注的视频号简介是什么样的？好的简介遵循两个原则：简单易懂，陈述利益。

简单易懂的简介可以让用户快速地掌握核心内容。最重要的内容要放在第一行来写，简介要控制在 100 个字符以内，大篇幅的简介会让人抓不住重点。

陈述利益是指用户在看到简介后，能了解到这个视频号给自己带来什么好处。比如，看到图 3-2 所示的简介，你就知道在关注后能获取前沿的科技资讯。

图 3-2

你要用这两个原则审视一下自己的视频号简介，如果不合适就改。

3.2.2 简介的四种写法

怎么写简介呢？下面给你推荐四种写法。

1. 自我介绍型

如果你运营视频号的目的是打造个人品牌、树立人设，简介就可以写成自我介绍，然后把最重要的，也就是和你的视频号内容最相关的身份放在第一行。比如，我的视频号简介的第一行就是视频号实战派，如图 3-3 所示。

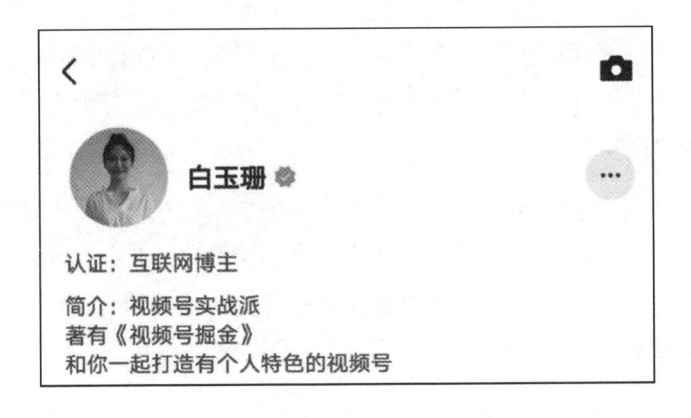

图 3-3

2. 内容提炼型

你可以用一句非常简单的话来概括你的视频号最精华的部分，介绍独特的功能和服务。比如，有一个英语老师，她的视频号简介的第一句话就是"免费学习实用的英语口语"。

3. 强调受众型

这种写法是指强调你的目标用户，让大家产生一种志同道合的感觉。

如果我的视频号简介使用这种方法来写，就可以写成"一个视频号创作者的聚集地"。

4. 引发共鸣型

这种写法是指简介要是能触动用户内心的一句话，要走抒情路线。比如，"二更"的视频号简介是"发现身边不知道的美"。

3.2.3 不会写就要学会"模仿"

如果你看了上述四种方法后，还是不会写简介，那么我来教你"模仿"！下面分享三个我觉得不错的视频号介绍，然后我将自己的视频号代入，这样你就知道该怎么做了。

比如，"贫穷料理"的简介是"贫穷只是暂时的，记得按时吃饭"。这属于引发共鸣型简介。我如果模仿它，就可以把我的视频号简介写成"视频号没人关注只是暂时的，记得认真学习，努力实践"。

再如,"六神磊磊说唐诗"的简介是"一次 60 秒,学点有用的古诗词小知识"。这属于内容提炼型简介。我如果模仿它,就可以把我的视频号简介写成"一天一分钟,学点有用的视频号运营小技巧"。

"十万个阿拉蕾"的简介是"是走遍六大洲的旅游博主,也是改造旧院的生活博主。承蒙喜爱,一起热爱生活"。这属于自我介绍型简介。我如果模仿它,就可以把我的视频号简介写成"是研究过 1000 多个视频号的学术型博主,也是做过三年视频策划的实战型博主。承蒙喜爱,一起做出优秀的视频号"。

实战练习 9

按照简介的四种写法分别写出四个简介,可以原创,也可以"模仿",如果原创,那么只需填写第三列的内容即可。

简介类型	我喜欢的简介 (遵循简单易懂、陈述利益两个原则)	模仿/原创的简介
自我介绍型		
内容提炼型		
强调受众型		
引发共鸣型		

找你的目标受众(至少 10 人)做调查,选出认可度最高的简介(可以和选名字的调查同时进行):

3.3 提高视频号颜值之头像篇

3.3.1 头像的选取法则

视频号的头像象征品位、印象、信任度，就像你外出穿的衣服一样，你一定要用心设置，尽可能减少解释成本。对于自媒体号和博主号来说，头像的选取是不同的。

这里说的博主号是指更偏向于个人展示、打造个人品牌的视频号，比如我的视频号和刘兴亮老师的视频号都属于博主号。自媒体号是指以视频号为平台进行流量运作的个人和机构账号。

下面先来说说博主号的头像应该选取什么样的图片。

1. 像素高、品质好

如果想让视频号的头像更好地展示自己，那么至少要做到的是图片清晰、图片背景不要有太多杂乱的元素、人物不宜太小、图片不要被压缩变形。

2. 要有真实感、可信任

如果你的头像和视频中的外貌、气质完全像两个人，那么别人难免会有一些"失落"甚至感觉"被骗"，会对你失去信任，这就要求头像不要过度失真。除此之外，你也不要用网络上的图片，用你本人的头像能够给人带来安全感。

3. 符合定位

头像要符合你的视频号的人设定位。如果你的视频号是艺术类的，头像就不适合放职业照；如果你的视频号是知识类的，头像就不要用非常随意的生活照。

你还可以选择那些有创意、有话题性的图片作为头像。比如，你热爱美食，你的照片就可以用在瘦小的你面前有一个巨大的空碗，这样容易引起观众和你互动，观众可以通过照片的反差来调侃你。

对于自媒体号来说，虽然不需使用真人照片，但是上述三点原则依然可以借鉴。你可以从网上找到符合自己内容定位和调性且没有版权的图片来做头像。当然，你最好单独设计一个头像。直接用别的品牌的Logo来做头像的行为是绝对不可取的。

3.3.2 用手机就能设计头像Logo

如果你想做一个专属的头像 Logo，那么要怎么做呢？下面分享一个很好用的工具——Canva 可画 App。

用手机下载 Canva 可画 App，单击"Logo"按钮（如图 3-4 所示），选择模板（如图 3-5 所示），替换文字等内容就可以了（如图 3-6 所示）。

图 3-4   图 3-5

如果你的 Logo 主要用英文字母，那么可以用另一款应用——Logo Maker Shop，它里面有各种英文 Logo 的模板，如图 3-7 所示。

图 3-6　　　　　　　　　　　　　　　图 3-7

实战练习 10

根据自己的视频号定位，选择/制作一个合适的头像。

3.4　提高视频号颜值之封面篇

当观众翻到你的视频号主页的时候，占据最大画面的是你的所有视频的封面。当视频被转发到朋友圈、微信群的时候，展示的只有封面（如图 3-8 所示）。封面还能够体现你的视频号的整体风格是活泼可爱的、简约高级的，还是个性有趣的等。视频封面的重要性不言而喻。

图 3-8

3.4.1 好封面的标准

什么样的封面才是好封面呢？封面至少要有视频的标题，要让观众在看到后就知道视频的内容是什么，而好封面还要在此基础上足够美观，且符合自己的内容调性、有自己的风格。

在美观方面很难有一个固定的标准，你需要具备一定的审美素养。如果你不太确定自己的封面是否美观，那么可以多问身边的朋友以下问题。

我的视频封面给你什么样的感觉？

你最喜欢的视频封面是什么样的？

你觉得我的视频封面可以怎么优化？

多问多看，做到美观就不难了。

接下来，我重点来讲讲封面要怎样符合自己的内容调性。我的视频号目前讲的是内容创作、视频号运营，是创意和简单实用的小技巧，不会很严肃，配上目前的封面就比较合适，如图 3-9 所示。

第 3 章　用"精装修"留下完美的第一印象　83

图 3-9

　　"吴声造物"这个视频号的内容关键词是科技、时尚、商业，他的封面带给你的就是简约潮流、前沿科技的感觉。调性统一，就会让人觉得很舒服，如图 3-10 所示。

　　虽然我的视频封面和"吴声造物"的视频封面都是美观的封面，但假如吴声老师用我这种小女生使用的封面就很不适合。所以，你不要一味地模仿，要找到自己的特点。

　　下面再分享一个视频号——"报大人的无聊生活"。不羁的内容配上这种五彩斑斓的大字，给人的整体感觉就是很有个性，如图 3-11 所示。

图 3-10

图 3-11

3.4.2 用手机设计出有高级感封面的方法

如果你本身会做设计，那么做一个封面对于你来说就很容易了。如果不会设计那么怎么办呢？别担心，现在有很多做封面、海报的应用，比如创客贴设计、图怪兽、海报工厂等 App，你用手机就可以做出精美的封面。

不过还是存在宽高比的问题，如果你的封面的宽高比需要 1∶1 或者 16∶9，那么很多应用都可以满足你的要求。以创客贴设计 App 为例，单击"微信朋友圈"或"横版海报"按钮（如图 3-12 所示），就会出现很多宽高比为 1∶1 和 16∶9 的模板（如图 3-13 所示和图 3-14 所示）。你只要选择适合自己的模板，修改文字和图片就可以了。

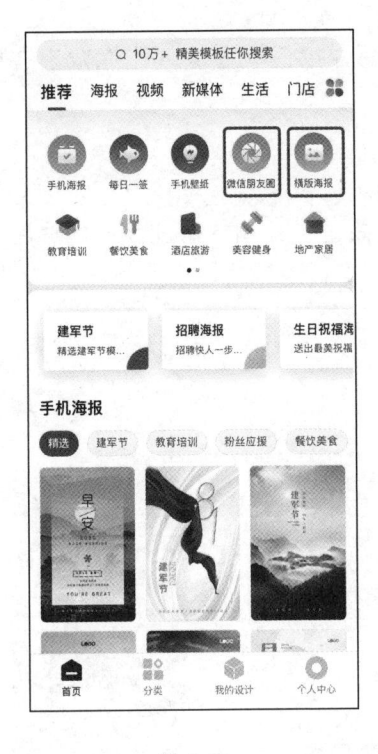

第 3 章 用"精装修"留下完美的第一印象

图 3-12

图 3-13

图 3-14

怎么把封面的宽高比做成 3∶3.5 呢？下面介绍三个方法，让你做出有格调的封面。

1. 用创客贴设计 App 做文字封面

打开创客贴设计 App，单击"手机壁纸"按钮（如图 3-15 所示），然后单击"文字壁纸"选项（如图 3-16 所示）。

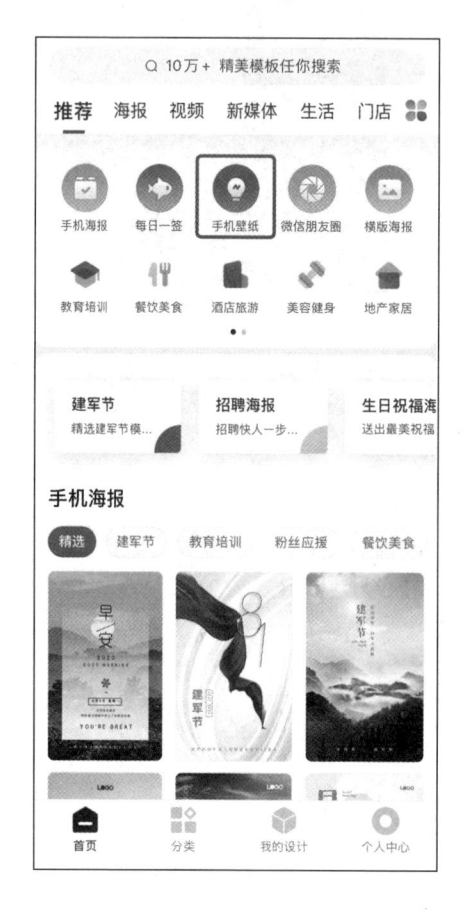

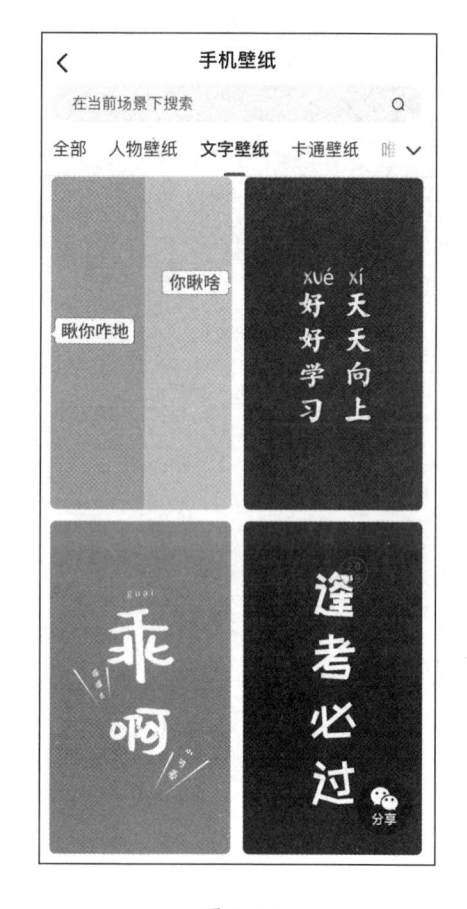

图 3-15

图 3-16

虽然文字壁纸的宽高比是 9∶16，但是你可以发现，大多数文字都只占据一部分画面，完全有空余的部分可以被裁剪掉，使其成为 3∶3.5 的图。而且最重要的是，创客贴设计 App 里的文字壁纸设计得都不错，用这些模板做出的封面绝对符合"美观"这个标准。

你可以选择某一个封面，每次只修改文字就可以。比如，你可以选择图 3-17 所示的聊天形式的图片，这张图片很有创意。你可以把每个封面的标题都做成一组对话的形式。

(1)

(2)

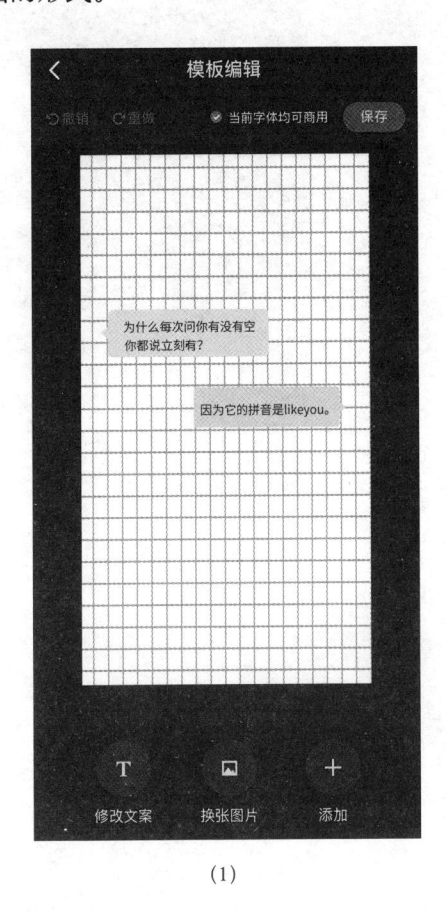

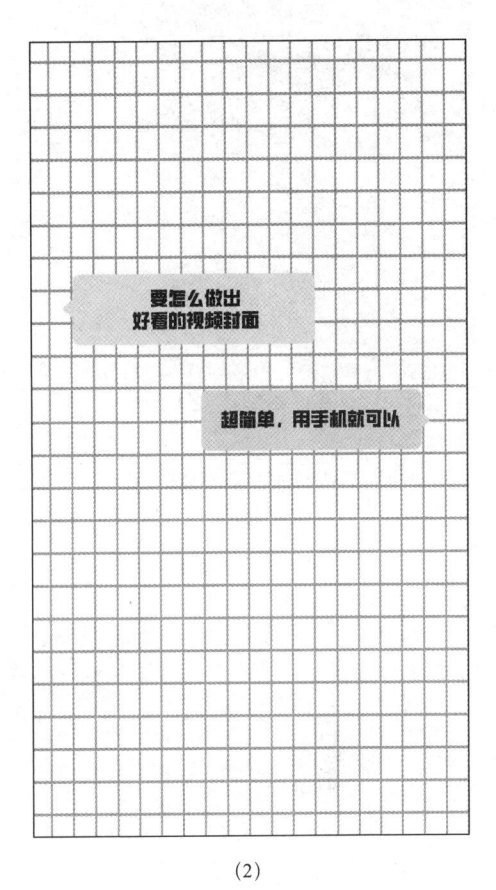

图 3-17

你也可以选择同类型的几个封面，轮流使用。比如，这里有很多模板都是纯色背景的，你可以用在你的视频号里的不同视频上，它们会让你的视频看起来既风格统一，又内容丰富，如图 3-18 所示。

2. 用简拼App做简约风格的封面

有很多人问我的封面是怎么制作的。我是用简拼 App 制作的。

简拼 App 里的模板都是偏简约风的，你在布局、便签、封面、明信片、名片等选项中都可以找到适合做视频号封面的模板，如图 3-19 所示。

(1)　　　　　　　　　(2)　　　　　　　　　(3)

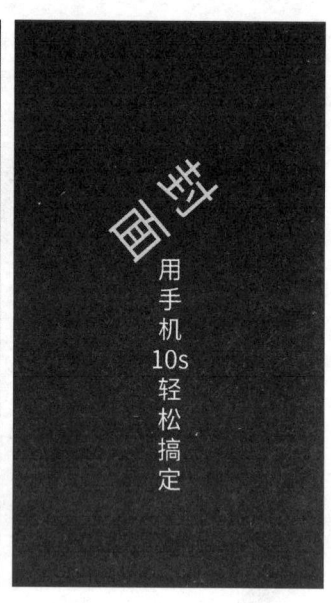

图 3-18

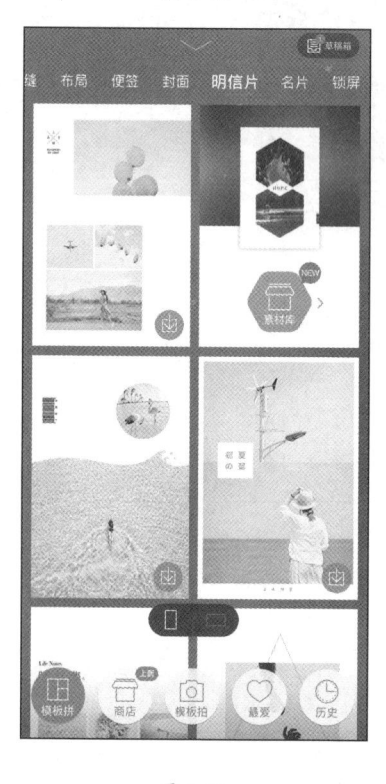

图 3-19

下面选用"名片"选项中的一个模板来试一试。

"名片"选项中模板的宽高比都是 9∶16，而你的封面需要宽高比为 3∶3.5 的图，也就是会把模板的一部分裁剪掉，所以选择模板的原则就是这个模板被裁剪掉部分画面后不影响整体的美观。

你可以发现，"名片"都带有二维码，但其实你不需要二维码。假如二维码在模板的上方或下方单独占据了一个位置，你在裁剪的时候，就可以把二维码裁剪掉。下面以图 3-20 右上角的模板来做示例。

在选好模板后，替换文字和图片就可以了，如图 3-21 所示。

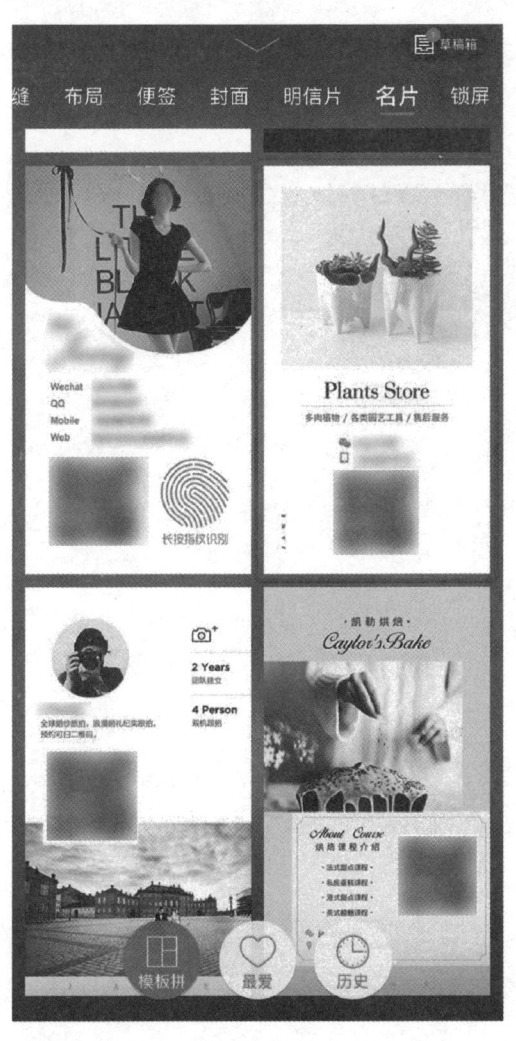

图 3-20

(1)　　　　　　　　　(2)

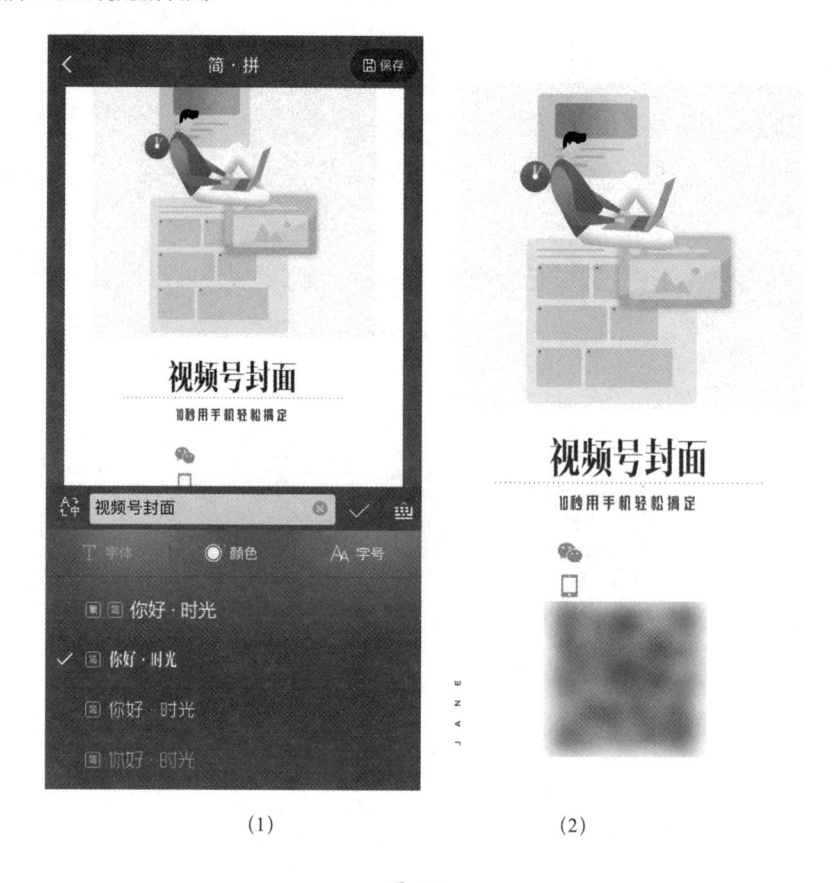

图 3-21

把生成的图片放到美图秀秀 App 中裁剪成宽高比为 3∶4 的图片，并抹掉不需要的元素。

单击"图片美化"（如图 3-22 所示）→"编辑"→"裁剪"按钮，如图 3-23 所示。

你会发现在裁剪后的封面图中有微信和手机的标识是不需要的，这时，只需要用美图秀秀 App 的消除笔功能把它们抹掉就行，如图 3-24 所示。

最后，你在制作视频的时候，按照 6.2.2 节讲的方法，就可以做出宽高比为 3∶3.5 的封面了。

用创客贴设计 App 的文字壁纸做出来的封面，可以不用美图秀秀 App 处理，因为一般不会有多余的元素需要涂抹，在制作视频的时候，直接调整宽高比就可以了。

第 3 章 用 "精装修" 留下完美的第一印象 | 91

图 3-22

图 3-23

(1)　　　　　　　　(2)　　　　　　　　(3)

图 3-24

3. 美图秀秀App的抠图功能

你会看到很多封面是人物+标题的海报（如图3-25所示，简单做示意），怎么制作这种封面呢？

图 3-25

打开美图秀秀App，单击"图片美化"→"抠图"按钮（如图3-26所示），再单击"背景"和"描边"按钮（如图3-27所示），给抠图的人物描边（解决抠图边缘不自然的问题）。然后，添加文字，把图片裁剪到合适的宽高比就完成了（如图3-28所示）。

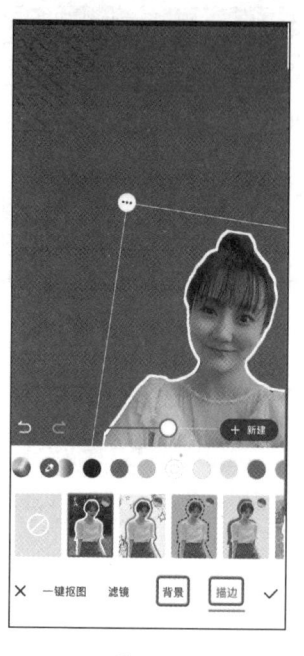

图 3-26 图 3-27 图 3-28

其实制作一个好的封面并不一定多么复杂，像"报大人的无聊生活"，他只是在视频的第一帧加了彩色的文字而已。难点就在于，找到符合你的内容调性且相对美观的展现形式。你可以参考本节讲的方法和案例，花时间思考、尝试，也会做出完美的视频封面。

实战练习 11

1. 找到三个你觉得封面做得很好的视频号。

2. 用创客贴设计、简拼、美图秀秀等 App 做出类似的封面。

3. 把这三个视频封面发给你的目标受众（至少 10 人），让他们选出哪个更适合你或者告诉你有什么需要改进的地方。

4. 在筛选、调整后确定封面样式，并在未来 1 个月内都用这个封面。在这期间随时留意观众对封面的反馈意见，比如，"封面好看""封面字太小"等。在一个月后，根据这些反馈意见，决定要不要对封面做优化。

3.5 最高级的装修是"加V"

目前，视频号认证分为兴趣认证、职业认证、企业和机构认证三类，如图 3-29 所示。兴趣认证和职业认证都适合个人申请。

3.5.1 兴趣认证

1. 在哪里认证

进入自己的视频号主页，单击"…"（如图 3-30 所示）→"认证"（如图 3-31 所示）→"兴趣认证"按钮（如图 3-32 所示）。

2. 兴趣认证需要满足的条件

兴趣认证需要满足以下几个条件：近 30 天发表 1 条内容；粉丝数为 1000 人以上；已填写简介，如图 3-33 所示。必须同时满足以上三个条件才可以发起认证申请。

视频号掘金
获取微信生态红利的新玩法

图 3-29

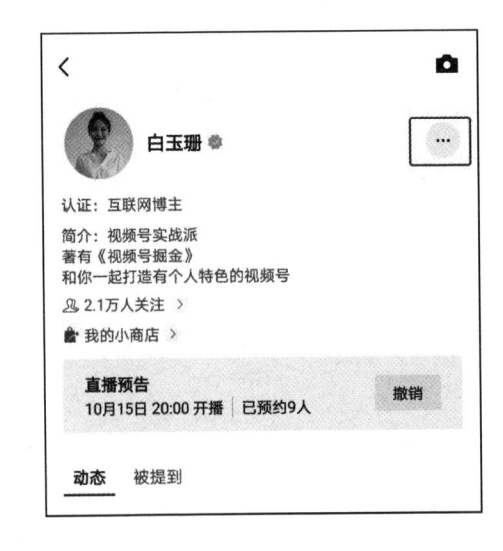

图 3-30

图 3-31

图 3-32   图 3-33

粉丝数超过 1000 个，在认证成功后，账号后面会出现"白 V"标识。粉丝数超过 5000 个，在认证成功后，账号后面会出现"灰 V"标识。粉丝数超过 10 000 个，在认证成功后，账号后面会出现"黄 V"标识，如图 3-34 所示。

不过即使粉丝数满足条件也可能认证不成功，比如你的视频号发布的内容和认证的领域不符，或者你的视频号名字和某个名人、商标重名都会导致认证未通过，如图 3-35 所示。

图 3-34   图 3-35

3. 兴趣认证的分类

兴趣认证目前分为自媒体、博主和主播三大类认证（如图 3-36 所示）。

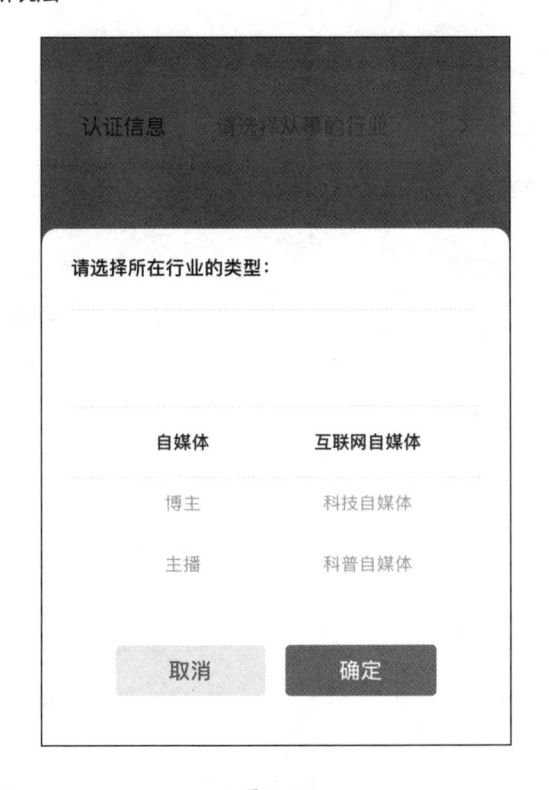

图 3-36

自媒体包括科技自媒体、美食自媒体、旅行自媒体、科普自媒体、互联网自媒体等，博主和主播也是一样的。比如，李子柒的视频号认证的是美食博主，房琪 kiki 的视频号认证的是旅行自媒体等。

很多人不知道是该认证成博主还是该认证成自媒体。如果你运营视频号的主要目的是打造个人品牌，那么我建议认证为博主；如果你是以视频号为平台进行流量运作的个人或机构，那么我建议认证为自媒体。比如，我认证的就是博主（如图 3-37 所示）。

图 3-37

当然，官方并没有对这两种认证区别对待，你可以自由选择。

同时，对于个人认证来说，你还可以邀请自己的好友辅助认证，但是让好友辅助认证必须同时满足以下两个条件：

（1）好友的认证身份要和你申请认证的领域和类型一致。比如，你认证的是美食博主，那么辅助你认证的那个好友也必须是美食博主。

（2）你们必须是已经认识超过三个月的微信好友。从这点也可以看出微信生态对熟人社交推荐标签的重视。

兴趣认证需要准备的资料：视频号平台或公众号平台或其他平台的粉丝数证明（如图 3-38 所示）。在提交资料后，等待审核就可以了。

> 需提交以下任意证明资料：
> 1. 在对应领域持续发表原创内容，且微信视频号的有效关注数为 1,000 以上
> 2. 在对应领域持续发表原创内容，且微信公众号的有效关注数为 10 万以上
> 3. 在对应领域持续发表原创内容，且除微信外的其他平台的有效粉丝数为 100 万以上

图 3-38

3.5.2 职业认证

职业认证涵盖各个行业，具体的职业有运动员、演员、作家、音乐家等，比如"济公爷爷.游本昌"，他的视频号的职业认证为演员。

职业认证和兴趣认证的区别如下。

（1）认证所需满足的条件是有区别的。对于职业认证来说，只要满足近 30 天发表 1 条内容、已填写简介这两个条件即可申请认证，如图 3-39 所示。

（2）认证所需的资料不同。对于兴趣认证来说，不管选择哪个行业都需要在平台上的粉丝数证明，而对于职业认证来说，行业不同要求不同。你可以在选择职业认证后，单击图 3-39 中的"查看认证需要提交的资料"按钮，查看想要认证的行业所需的资料。

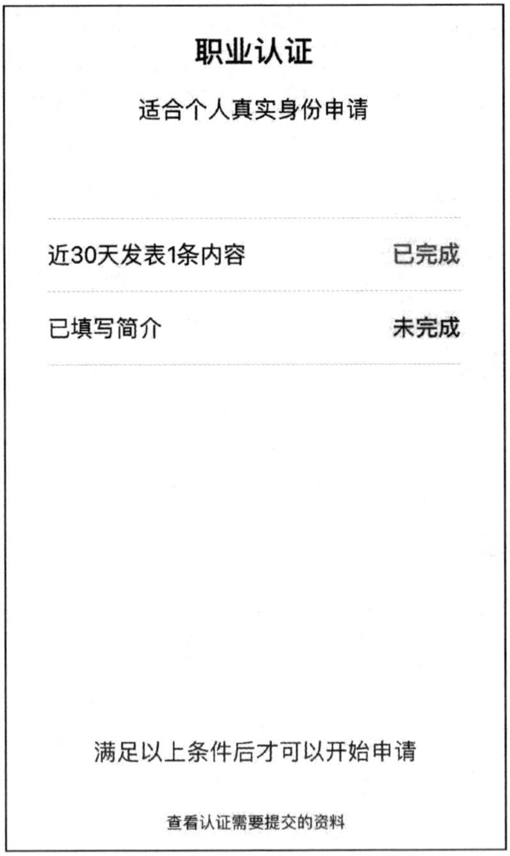

职业认证

适合个人真实身份申请

近30天发表1条内容　　　　已完成

已填写简介　　　　　　　　未完成

满足以上条件后才可以开始申请

查看认证需要提交的资料

图 3-39

在职业认证中比较常见的是企业高管认证（如图 3-40 所示），这种认证不是随便有一个企业主体就可以认证的，需要满足以下四个条件中的任意一个：

① 在上市公司中任职总经理以上级别。

② 在注册资本为 500 万元以上的公司中任职总经理以上级别。

③ 获得 A 轮以上融资的创业公司的创始人。

④ 正规基金公司的创始人。

在认证时需要准备的资料有在职证明、聘用合同等（如图 3-41 所示）。

（3）认证成功后的标识不同。对于兴趣认证来说，粉丝数不同，账号后面出现的"V"的颜色是不同的，而对于职业认证来说，只要认证成功，账号后面出现的都是"黄 V"标识。

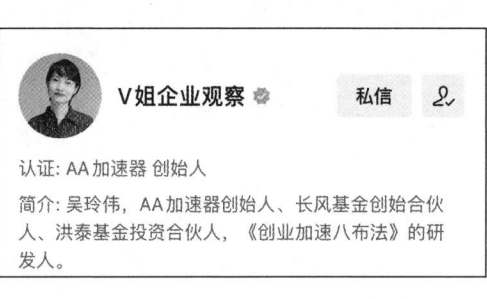

图 3-40

图 3-41

我经常会遇到的一个问题是个人认证（职业认证或兴趣认证）有什么用？其实好处很明显，职业认证会增加粉丝对你的信任感，比如官方认证你为摄影师，与那些没有认证的视频号相比，粉丝肯定更愿意跟你学摄影。兴趣认证至少说明你的内容很受欢迎，不然你怎么能达到认证所需的粉丝数要求？而且在系统推荐方面，不排除会对"加 V"的号有一定的倾斜。

3.5.3 企业和机构认证

视频号的企业和机构认证只需要有已经认证过的公众号就可以认证。也就是说，你需要有一个企业或机构主体，用它来注册一个公众号就能完成视频号的企业和机构认证，只要认证成功，账号后面就有"蓝 V"标识，如图 3-42 所示。

图 3-42

已认证的公众号的管理员用微信扫码确认，即可在视频号使用公众号的认证资格。微信公众号管理者和视频号运营者可以是不同的微信号。

3.5.4 是选择个人认证还是选择企业和机构认证

有些视频号创作者有自己的公司，所以就会纠结用自己的微信号开通视频号是选择企业和机构认证还是选择个人认证。

这就要看你的视频号的定位是什么。如果用于企业和机构的官方展示，那么肯定用企业和机构认证比较合适。但在大多数情况下，个人认证会更好。因为企业和机构认证的号会让人觉得是企业和机构官宣的窗口，通俗地说，就是打广告的，好感度相对较低。

当然，个人认证的门槛比较高，所以如果你没有达到个人认证的标准，但又在给粉丝推荐产品，就可以选择企业和机构认证，至少能给粉丝增加一些信任感。如果你还没有达到变现的阶段，就没必要做企业和机构认证，我建议你再等等，等到粉丝数满足个人认证的条件。

实战练习 12

思考你想要认证的类型，并在视频号上查看需要满足的条件，看看自己有哪些条件没有满足，之后要一步一步地朝目标去努力。

我想要认证的类型	细分类别	需要满足的所有条件	未满足的条件
兴趣认证			
职业认证			
企业和机构认证			

创作篇

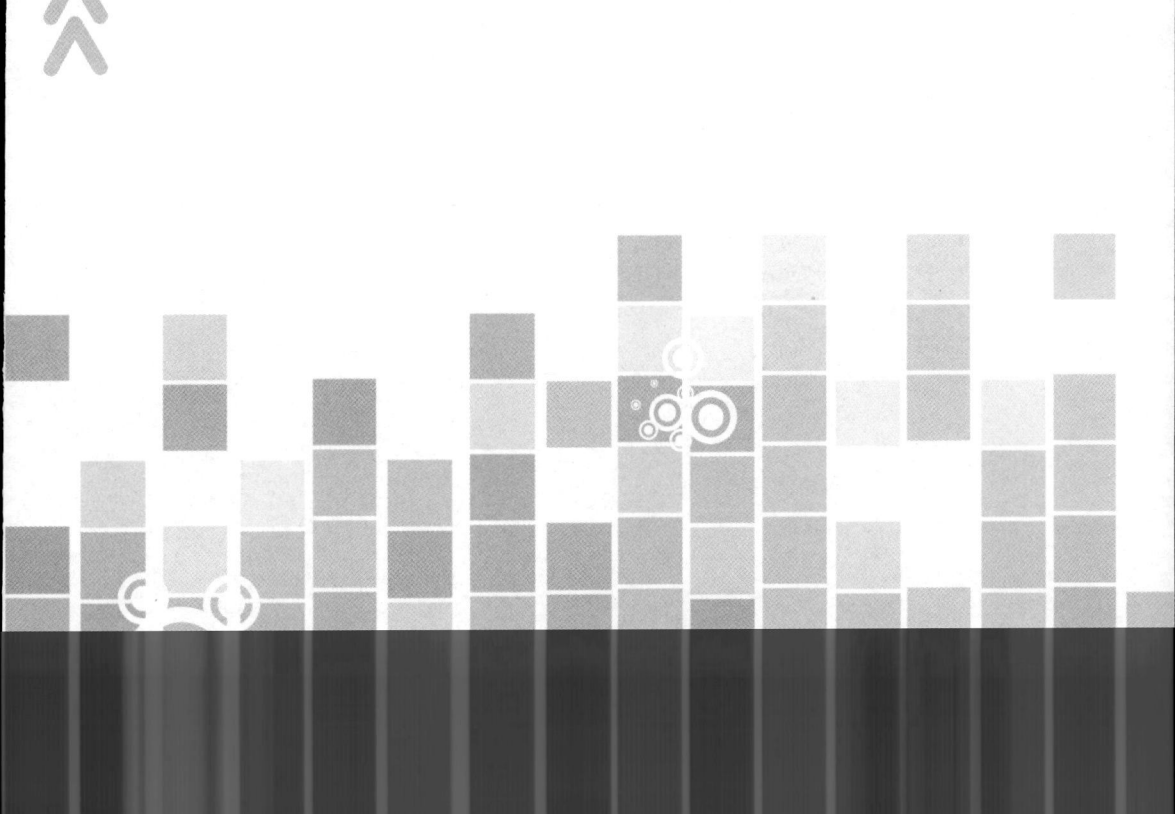

第4章
想要做出"爆款",脚本是关键

4.1 为什么要写脚本

很多人在拍视频之前不写脚本,想到什么就说什么。即使你已经想清楚要拍什么、说什么了,这样也是不行的。拍视频和平常与别人交流最大的区别就是有严格的时间限制,而且为了让完播率更高,你要让视频在表达清楚内容的基础上,尽可能短。如果你不写脚本,不一句话一句话地打磨,怎么能做出精品呢?

4.1.1 脚本的分类

脚本大致可以分为分镜头脚本和单镜头脚本。

1. 分镜头脚本

分镜头脚本适用于拍摄比较复杂、需要多个镜头的视频。比如,在拍情景剧、Vlog 的时候,就要用到分镜头脚本。

分镜头脚本通常包括景别、镜头(也就是拍摄技巧)、时长、画面内容、旁白、音效等,图 4-1 为拍摄一个 Vlog 的分镜头脚本。

如果你想要表达一定的故事情节,那么分镜头脚本可以很好地帮你厘清脉络,指导你拍摄,是不可或缺的。

2. 单镜头脚本

单镜头脚本其实主要就是台词,适用于所有只需对着镜头说话的视频,例如教学视频。

镜号	景别	镜头	时长	画面内容	旁白	音效	备注
1	全景	固定	8s	吃面	每天都要按时吃饭	吸溜声	表现出很享受美食
2	近景	推	3s	空碗	无	无	—
3	中近景	摇	5s	穿衣，戴帽子，准备出门	每天都要无敌帅气	无	—
4	特写	固定	2s	一个酷酷的表情	无	哼	—
5	全景	固定	6s	阳光明媚+背影	每天都要有好心情	鸟叫声	—
6	……	……	……	……	……	……	……

图 4-1

不管是分镜头还是单镜头的视频，其脚本最重要的部分就是主题策划和台词/旁白，所以下面将介绍这部分内容的写作过程，并用"脚本"一词来表述。

4.1.2 写脚本的步骤

其实，写脚本并不难，可以分为以下几个步骤。

1. 确定主题

对于你的脑海中的关于某个主题的想法，你想把它拍成视频，首先要明确自己的目标：为什么拍？我的受众是一群怎样的人？他们的需求是什么？我能给他们提供什么？

如果你只关注自己喜欢做的事情，那么创作出来的内容很可能在自嗨。互联网创作是自我需求和别人的需求相结合的过程，你只有想清楚了要传达什么有价值的内容给观众，才能明确自己的主题应该是什么。4.2 节将会介绍找到选题的方法。

2. 搭建脚本框架

搭建脚本框架就是列好整个脚本的提纲，这有助于你在写脚本的过程中厘清逻辑、掌握进度。4.3 节将会介绍三种脚本框架。

3. 收集及运用素材

如果把主题比作树干，那么框架就是树枝，具体的内容就是树叶。只有有了素材，你才能更好地填充脚本框架，丰富脚本内容。所以，你平时要注重积累素材，以便随时调用。4.4 节将会介绍收集素材的方法。

4. 写好开头和结尾

视频的开头和结尾是脚本中最重要的部分。开头的好坏决定了观众是会被吸引着继续观看，还是会立刻离开。没有好的开头，之后的内容再精彩也白搭。结尾的好坏决定了观众是否会和你互动：关注、点赞、转发、评论等。4.5 节和 4.6 节将会分别介绍视频开头、结尾的撰写方法。

5. 写好主体内容

如果主体内容具备简单、意外、具体、共鸣四个特点，那么不仅会吸引观众一直看下去，还能让他们印象深刻并主动传播。4.7 节将会介绍如何让视频具备这四个特点。

6. 写标题

我们都知道对于自媒体文章来说，标题太重要了，因为标题决定着文章的打开率。在做视频的时候，标题还重要吗？要怎么写标题呢？4.8 节将会介绍视频标题的作用和撰写方法。

7. 修改与提升

在脚本初稿完成后，你还要进行修改和优化，要看主题是不是表达明确了、内容是不是足够精简、还有没有更好的表达方式，要做就做精品。4.9 节将会介绍如何修改脚本。

实战练习 13

明确自己需要哪类脚本，并分析自己在写脚本的过程中哪个环节最薄弱，从而有针对性地学习后面章节的内容。

我的视频需要哪类脚本	单镜头脚本	分镜头脚本
在写脚本的七个步骤中我最需要加强的是		

4.2　有了好选题就成功了一半

4.2.1　如何源源不断地获得选题

视频做着做着就没有内容可讲了？很多人在内容取材上容易枯竭，要怎样源源不断地获得视频选题呢？有一个很简单的方法，把与你的视频号定位相关的关键词进行排列组合即可。

比如，你的视频号定位是卖口红。首先，以口红为中心主题，写出与口红有关联的人群，可以是女人、男人，也可以是学生和白领。其次，想想这些群体的用户画像属性，比如性格、年龄、区域、职业、星座、爱好等。我们就以这10个内容方向为基调，做数学上的排列组合，把任意两个或多个词进行组合（除去重复）。你会发现内容方向有几百个，足够支持一年以上的原创内容制作。

学生+口红：大学生最爱的十款口红。

星座+口红：最适合十二星座的口红，你选对了吗？

男人+性格+口红：作为一个合格的男朋友，你要根据性格色彩为你的女朋友选最合适的口红。

区域+白领+口红：北京白领最爱的十款口红。

这是一种取巧的方法，虽然能找到很多选题，但质量上会参差不齐，下面的几个小节会介绍一些常规的找到好选题的方法。

实战练习 14

列出视频号的定位、人群、用户画像属性，再用视频号定位的关键词分别和人群、用户画像属性、人群+用户画像属性组合，试着各列出 3~4 个选题。

我的视频号定位的关键词				
与定位有关联的人群				
用户画像属性				
关键词+人群				
关键词+用户画像属性				
关键词+人群+用户画像属性组合				

4.2.2 巧妙地抓热点借势起量

我们都知道热点选题的爆发力是巨大的，甚至无法估量，所以一定要利用好热点来做视频。

热点可以分为可预期的热点（比如，节日、大型活动等）和不可预期的热点（即突发事件）。

1. 可预期的热点

先来说说可预期的热点，对于这类热点，你可以提前准备内容。你需要有一个热点日历，我用的是"热点小黄历"这个微信小程序，它标注了各种热点事件，如图 4-2 所示。

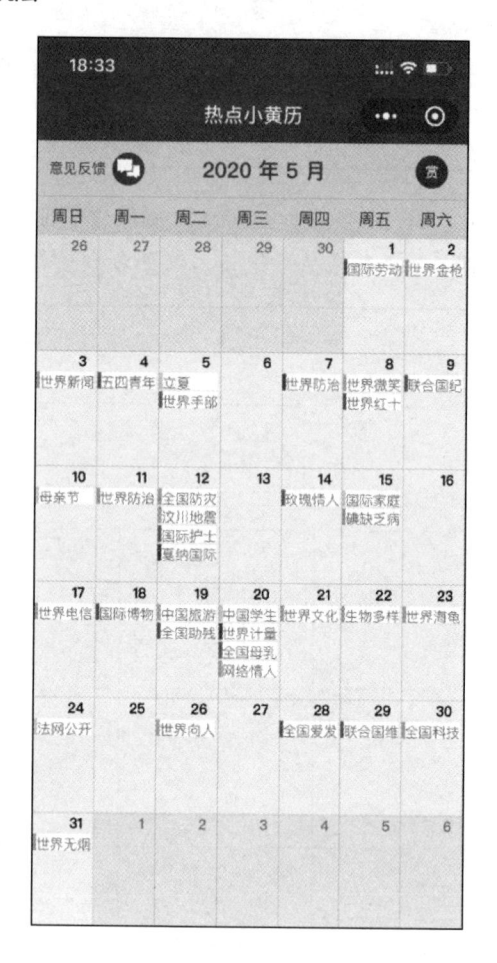

图 4-2

以 2020 年 5 月为例，假如你运营的是科普类账号，就可以这么做内容：

5 月 1 日国际劳动节：疫情下的五一假期和往年有哪些不同。

5 月 4 日青年节：青年节到底是谁的节日。

5 月 5 日立夏：讲讲民俗文化、有什么样的迎夏仪式等。

5 月 10 日母亲节：新时代母亲的日常生活。

5 月 12 日国际护士节：送上一份防疫指南。

5 月 14 日玫瑰情人节：成功率最高的表白方式是什么。

5 月 31 日世界无烟日：不要忽略三手烟的危害。

你可以借鉴这种方法，选择合适的热点，结合自己的账号定位去做相关的内容。利用好可预期的热点，一个月至少能搞定五个选题。

2. 不可预期的热点

对于不可预期的热点应该怎么做呢？

首先，你可以每天通过微博热搜、百度指数、知乎热榜等渠道了解热点，要避免闭门造车和自嗨。其次，很多人都在追热点，你要想抓住用户，就要找到不一样的角度。怎么找角度？下面就以"微信推出视频号"这件事为例介绍四个方法。

1）突出争议点

视频号自诞生以来，就被拿来与抖音做比较，这也是比较有争议的点，每个人对两个平台的看法都不太一样。因此，你的选题可以是《视频号 vs 抖音，到底谁才是真正的红利平台》。

2）具备普适性

热点像一阵风，可能很快就会过去，但我们都希望自己的作品可以持续受人关注。那就可以透过现象看本质，揭露这个事件背后更普适的原理。因此，你的选题可以是《视频号底层密码——私域流量的价值》。

3）从反面找角度

选题经常会陷入"常理"中，大家的观点都差不多，视频就没有什么新意，也没人愿意看。你可以试着跳出来，从反面来找选题。比如，在视频号内测期，当所有人都在想怎么能快点开通视频号时，你的选题可以是《现在全面开通视频号对你不一定是好事》。

4）找到有趣的背景故事

人们都喜欢听故事，所以你只要找到热点背后的那些足够有趣的故事并把它们叙述出来就可以了，比如，《读懂了张小龙，也就理解了视频号》。

3. 蹭热点的数据一般怎么办

有的时候你会发现，蹭了全民热点的视频的数据反而一般，甚至还没有平时的好。这怎么和想象中的蹭热点不一样呢？下面就分析一下。

首先，对于全民关注、人们都想蹭的热点，你要蹭得及时才可以，及时不是指当天，而是要在一两个小时把内容发布出来。不然大半天过去了，大家在各种渠道看到了很多遍相关视频后你再发布，大家就只会立刻把你的视频滑走。

其次，你不要什么热点都蹭，要尽量选择和自身定位有关系的。比如，你一直是讲财经知识的，系统给你的账号打上了财经的标签，平时把你的视频都推荐给对这个方面感兴趣的人。如果你突然发布一条演艺圈的热点视频，那么系统把视频推荐给你的粉丝，粉丝也不会感兴趣，而系统把视频推荐给其他可能感兴趣的人效果也不会太好，因为这是热点视频，在同一时间段内平台上有很多类似的视频，在这类内容上你很可能竞争不过其他账号。

最后，蹭热点要尽量角度独特或者具有持久性。对于很多人都已经用过的哏，哪怕很有趣，你也不要再用了，观众看多了就会厌倦甚至反感。持久性是指，这条视频不会在热点过了就完全没价值了，你可以总结热点背后的规律或者原理，当下次再有这样的事件发生时，你的视频还可以再被传播一轮。

实战练习 15

1. 列出下个月和你的视频号定位有关的节日/大型活动，并想出相应的选题。

日期				
节日				
选题				

2. 最近发生了什么热点事件？列出一个和你的视频号定位有关的热点事件，并从四个角度找到选题。

事件	
突出争议点	
具备普适性	
从反面找角度	
找到有趣的背景故事	

4.2.3 借鉴同行的"爆款"

"爆款"选题是指那些播放量极高的视频选题。视频能成为"爆款"必然有理由，你要把和你的视频号定位相关的"爆款"都收集起来，分析选题和标题，并试着做相似的内容。被验证过的"爆款"话题的播放量都是有保证的。

比如，在视频号推出的初期，很多人都在聊怎么开通视频号。因为这个选题就是"爆款"选题，大家也都发现这种视频的数据很好，所以都想试一试。不过我始终强调，要做和你的视频号定位相关的内容，不要乱跟风。即使借鉴"爆款"，也要借鉴同行的"爆款"。

具体的做法非常简单。在视频号上筛选和你的视频号定位相关的"爆款"，看哪些视频的数据特别好，并分析为什么这些视频会成为"爆款"。比如，时尚类账号"囡囡穿搭札记"的一期内容就成了"爆款"。

选题：配饰的搭配方法。

标题：配饰到底多么重要？可以说是穿搭的灵魂。

这条视频为什么会成为"爆款"？在很多人的认知里配饰是可有可无的，而这条视频通过巧妙地搭配，将有、无配饰的着装进行对比，展现出了很大的差别。出乎意料，就会吸引人。

实战练习 16

找出至少 3 个同行的"爆款",并思考它们为什么会成为"爆款"。

账号名称	选题	标题	点赞量	为什么会成为"爆款"

4.2.4　用系列选题弥补短视频的缺点

系列选题是指围绕相同内容的几个选题。

短视频的优势很多,在前面都分析了,但也有一个缺点,就是碎片化。如果你的视频号的内容是知识类的,那么你的账号很可能带给观众的是零散的知识。如果知识不成体系,价值就没有那么大,而做系列选题可以有所弥补。

你可以通过画树状图的方式对系列选题的主题进行扩展。树状图往往有一个主干,在主干的基础上逐层扩展分支。例如,主干是销售,分支就可以包括销售心理、销售技巧、客户维护等。在主干的分支上可以继续扩展,将销售技巧细分为客户定位、促销方案、销售话术等,如图 4-3 所示。

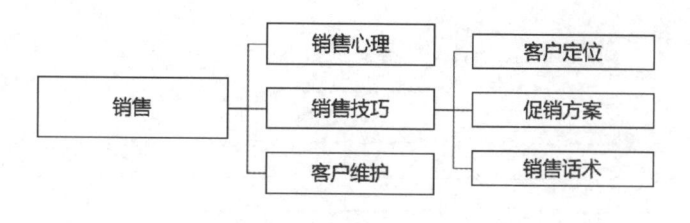

图 4-3

只要找到关键词进行树状图式的分支扩展，一个主题就会变成一系列选题，选题的范围就会变得非常广泛。

实战练习 17

按照图 4-3，根据自己的视频号定位，对部分内容进行树状图式的分支扩展。

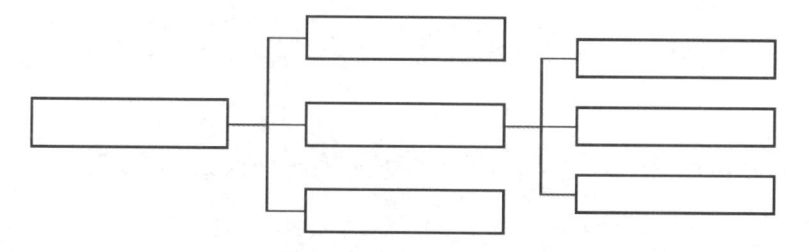

4.3 轻松套用三个框架公式

无论是写文章还是写脚本，你的脑海中都要围绕着主题有一个清晰的框架，如果没有这种意识，你的思绪就可能从一个点向各个方向发散，最后偏离主题，这时你的头脑中的思想就如图 4-4 所示，很混乱。

图 4-4

这非常不利于观众理解，所以你需要梳理出如图4-5所示的框架。

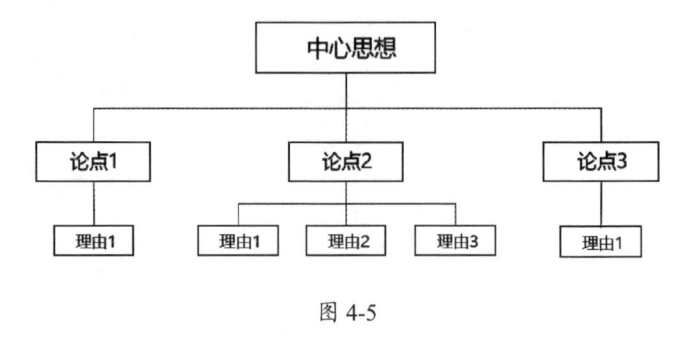

图 4-5

对于脚本的框架，你需要掌握以下三种：并列式框架、总分总式框架、递进式框架。

4.3.1 并列式框架

并列式框架是指每个部分的内容都是独立的，没有主次之分。以下两类视频适合使用这种框架。

（1）清单类视频。比如，给大家推荐十本好书、列出八大旅游胜地、十个最值得收藏的网站等。

（2）日记类Vlog。比如，记录了自己一天的生活，7：00起床，8：00做早饭，9：00上班……

4.3.2 总分总式框架

总分总式框架是指先概括，再详细描述，最后总结。

这种框架适用于大部分视频，举两个例子。

（1）知识类视频用这种框架就可以写成下面的形式。

① 在视频开头表明观点。

② 分别列出能证明观点的证据。

③ 总结观点或者引导互动。

比如，在《视频号里的视频怎么全屏展示》这条视频中（具体视频参见视频案例4-1），我在视频开头表达了观点——"视频号里的视频是可以全屏展示的"。接下来，我从画面宽高比和视频下方的文字内容两个方面讲了如何让视频全屏展示。最后，我用"8 行文字，再加上 3∶3.5 宽高比的画面，妥妥地霸屏"这句话结尾。

（2）励志类 Vlog 用这种框架就可以写成下面的形式。

① 开头用一句能引起共鸣或好奇的话。

② 讲述自己的经历或别人的故事。

③ 用金句或者引发互动的话结尾。

比如，我在视频开头说"那些考过班级后几名的人现在都怎么样了"，接下来讲述自己曾经考后几名后来逆袭的故事，最后用金句"在人生这张考卷上，从来没有标准答案，我们各展才华，各施拳脚，不到最后，谁能定义我就是差生"结尾。

4.3.3 递进式框架

递进式框架是指视频的内容逐层深入。最常见的递进式手法是描述"从现象到本质""从个例到普适"的过程。

知识类、时事类、剧情类视频都适合使用这种框架。

知识类、时事类视频用这个框架就可以写成下面的形式。

（1）描述现象。

（2）分析为什么会出现这种现象。

（3）用引发深思的问题或者互动的话结尾。

比如，在《为什么蹭了热点数据却不好》这条视频中，我先讲了"蹭热点的视频的数据普遍没有平时的好"这个现象，接下来对这个现象进行了分析——"蹭得不够及时、与定位无关、角度不够独特"。最后，我用"我估计这条视频的数据不会太好，不过还是希望你们能双击视频支持一下"这句话引导观众互动。

实战练习 18

在实战练习 14 和实战练习 15 列的选题中选择三个，分别写出并列式、总分总式、递进式框架。

选题	框架
1.	
2.	
3.	

4.4 你需要一个强大的素材库

很多人在创作的时候都会遇到一个问题：没有灵感。为什么有些人的灵感源源不断，而你就写不出好内容呢？

其实你的阅历、学识不见得比那些人少，只是有些记忆被封存了。素材库不仅能给你提供灵感，还能帮你提高创作的效率，更能保证你的创作维持在一个稳定的水平上。那么要如何收集素材呢？

首先，你要选择一个可以在多个终端（电脑、手机等）同步记录的工具，比如有道云笔记、印象笔记等，以便随时记录。

4.4.1 拆解"爆款"获取素材

拆解"爆款"首先要避免一个"坑"——全方位记录。虽然它是"爆款"，但是不代表它什么都好，你如果毫无重点地把一个"爆款"的所有维度都记录下来，就等于什么都没记。

怎么判断这条视频到底为什么会成为"爆款"？其实很简单，看评论。评论会告诉你到底这条视频的哪个点打动了观众。比如，有一条视频演的是一个25岁的男子讲自己花18万元植发的经历，获得了6000多次点赞。

首先，脱发、植发的话题是吸引人的。其次，打开这条视频的评论区你就会发现，有2个数字让它在同类话题的视频中脱颖而出，如图4-6所示。

图 4-6

一个数字是 18 万，植发需要 18 万元，一下子就抓住了观众；另一个数字是 25，在视频中该男子提到自己的年龄是 25 岁，和长相的反差有点大。25 岁和 18 万元也形成了强烈的对比，这么年轻就能有这么多钱植发？

如果你不做同类话题的内容，那么完全不用把这个"爆款"的全篇文案拿来分析。你需要借鉴的就是在标题中运用数字吸引观众的眼球、利用数字的强烈对比制造反差。

学会了这个方法，你就可以进行"爆款"的拆解了。

1. 借鉴同行的"爆款"

在找选题的时候我就提到可以借鉴同行的"爆款"。在收集素材时，你不仅可以收集"爆款"的选题，还可以收集它的标题、开头和结尾话术、主体部分的文案，甚至背景音乐。只要你觉得好的，就都可以记录下来。

怎么收集文案？

首先，如果视频可以被下载，你就直接下载视频，如果视频不能被下载，你就用手机把这条视频录制下来。

接下来,你要把视频转为文字。你可以使用录音转文字助手 App(如图 4-7 所示)把视频转为文字。

最后,你可以把文字复制到有道云笔记,以便日后随时查看。

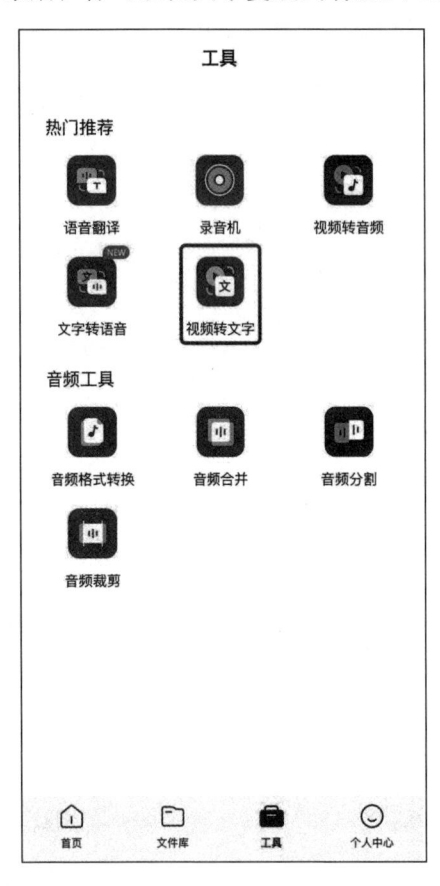

(1)　　　　　　　　　　　　(2)

图 4-7

2. 借鉴其他视频

除了同行的"爆款"可以作为素材收集,还有很多其他领域的视频也值得借鉴。如果你平时多刷热门视频,就会受到很多启发。

比如,有些视频引导互动的方式很巧妙、视频里的某句话特别打动你、视频的展现形式特别棒等。你都可以通过文字或截图的方式把它们记录下来。

实战练习 19

拆解两个"爆款",其中一个是同行的"爆款"。

视频	视频号名称	标题	这条视频好在哪里	我能借鉴的点
视频 1				
视频 2				

4.4.2 日常的碎片收集

我们每天都会有一些碎片的时间,浏览信息也呈现出碎片化的趋势。因此,你可以利用碎片化模式来收集信息。

你平时在阅读、观影,甚至听歌、社交的时候,看到有趣的话题、经典的句子、能引发深思的故事,都可以把它们记录下来。积少成多,不断地收集整理,就会逐步形成一个庞大的素材体系。

下面推荐几个可以在闲暇时浏览并找灵感的应用。

1. MONO猫弄

MONO 猫弄是一个高颜值的"新媒体杂志",里面有很多优质的文章、视频、图片和有趣的小组、活动,不仅能带给你灵感,还能提升你的审美水平,如图 4-8 所示。

我建议你多看社区里的内容，里面的小组和活动都可能成为你的素材。比如，有个活动是"用三个字写一句谎言"（如图4-9所示），你是不是也可以在视频号上做类似的视频和粉丝们互动？假如你运营的是情感类账号，那么再适合不过了，就用这个主题。如果你运营的是励志类账号，那么可以做一条标题为"用三个字写一句最激励你的话"的视频；如果你运营的是职场类账号，那么可以做一条标题为"用三个字写一句职场上常用的谎言"的视频。

图 4-8　　　　　　　　　　　图 4-9

2. 句读

如果你想收集一些金句，就可以看看句读。在句读中，有编辑每日推荐的名人名言，还有丰富的用户生成内容（User Generated Content，UGC）、经典台词、名人名言、人生感悟等，如图4-10所示。

(1)   (2)

图 4-10

3. 最右

如果你想积累一些有趣的素材，就可以用最右。在最右中，有搞笑视频、套路玩法、有趣的段子，而且用户都非常年轻（大多数低于 22 岁）。你可以走进年轻人的社区，感受年轻人的喜好，如图 4-11 所示。

4. 即刻

即刻是一个兴趣同好社区。在即刻中，你可以选择和你的视频号定位相同且优质的圈子加入，每天看看"即友们"创作的内容，一定能获得灵感，如图 4-12 所示。

5. TOPYS

TOPYS 是创意内容平台，有精选文章、创意视频、原创专栏，有各式各样的内容，不过更偏向于品牌、广告类，如图 4-13 所示。

图 4-11

图 4-12

图 4-13

4.4.3 固定主题收集

如果你已经有了明确的主题，要收集这个主题下的内容，那么可以通过各种主流渠道收集。

1. 微信

微信内容的综合性、多元性、丰富性已经使得微信成为一个非常庞大的内容体系。

首先，不同于微博的即时随意性，大部分的公众号每天只能推送一次消息，因此，"每日推送一次"的机会增加了各个领域的公众号竞争的激烈程度，每个公众号的运营者都想通过"每日推送一次"的文章，获得更多的粉丝和阅读量，实现商业诉求。因此，公众号里的内容摆脱了大众社交媒体言论中的随意、松散的特点，而具备精炼、价值高、文章水平优质等对素材收集有利的因素。

其次，我们可以发现微信的搜索功能正在不断增强，从过去只能搜索好友以及聊天内容到现在可以搜索朋友圈、公众号、小程序、音乐、表情，甚至百度百科、知乎等外围网页。

我推荐你把它作为收集素材的第一选择。

2. 微博

在微博中热点出现频繁、"大咖云集"，微博也是收集素材的宝地。

首先，一个热点的爆发往往是先从微博开始的，因此如果你需要热点话题素材，并且想要知道大众的态度，就应该实时查看微博热搜。

其次，微博的强互动性，产生了其多元化的文化生产力。不同于微信朋友圈的熟人环境，微博非常开放，人人都能参与互动，每个人都可以在这里迸发思想，释放表达欲，因此，微博也是一个诞生段子和金句的地方。

最后，微博的评论区往往会诞生很多好素材，在作品里加入网友评论的内容，也能够产生共鸣。

3. 头条系产品

不管是西瓜视频还是抖音，头条系的视频产品都有很多精彩的内容。为了便于归类和总结，我建议你把视频带给你的灵感用文字+图片的形式记录和保存。

4. 其他

在垂直行业网站、百度百科、知乎、豆瓣上也有很多权威或有趣的内容。

以上就是几种常用的素材收集渠道。另外，大家用的收集渠道基本都一样，考验的就是搜索技巧。在写脚本的时候，你一定要预留出足够多的时间展开联想，尝试用各种各样的关键词在不同的渠道中分别重复搜索，可能只换了一个词语，就能搜索到意想不到的好内容。

4.4.4 素材库的分类

在收集好素材后，该如何分类呢？图 4-14 为按照不同的主题进行分类。

图 4-14

你也可以按照素材的功能分类，比如分为选题库、标题库、金句库、故事库、案例库等。

素材库的分类并没有绝对的标准，你可以按照自己平时的习惯来分，只要方便自己查阅就行。

4.4.5 如何运用素材

在运用素材时，你要遵循以下三个原则。

1. 紧扣主题

你收集的素材首先要和主题相关，把这样的素材运用在作品中，观众在看的时候不至于有不知所云的感觉。比如，有些人喜欢在视频中加一句自以为很有道理的名言，但加得让人感觉莫名其妙，和前面的内容关联度不大。这在本质上是没有很好地理解素材，这样生搬硬套还不如不加。

2. 个性化改编

素材是死的，但是每个创作者都有自己的风格。这就要求你在使用素材时可以依照个人风格适当改编，使其更贴近你的视频风格，更好地展示你的个人特色。比如，你收集到的一个素材是"草根"逆袭的故事。在运用这个素材的时候，你可以把它改编成你身边的事，这样讲出来会让观众觉得更可信。

3. 少就是多

你千万不要在一个脚本里堆砌各种素材，也许你确实有很多和这个主题相关的好素材，都特别想用，但是你要做取舍，在能讲清楚的情况下，视频越短，脉络就越清晰，完播率就越高，对你越有利。

实战练习 20

按照自己的习惯列出素材库的分类，并试着围绕一个选题找相应的素材，把找到的素材按照分类保存在有道云笔记等工具里。

素材库分类								

4.5 引人入胜的开头

文案界的传奇人物约瑟夫·休格曼说:"写第一句文案的唯一目的就是让读者读第二句,写第二句的唯一目的就是让读者读第三句……"

其实,把文案换成视频脚本同样适用。视频开头几秒决定了观众是继续看下去还是立刻滑走,开头的重要性不言而喻。那么如何写出引人入胜的视频脚本开头呢?

我总结了三个写视频脚本开头的方法——断言法、提问法、悬念法。

4.5.1 用断言法营造权威感

在生活中,我们会喜欢这样的人:在说话的时候态度比较中立、比较谦和,时常说"大概""也许""感觉""似乎"这种语义模糊的词语,或"都好""还行""都不错"这类评价性词语。这样的人往往比较有亲和力,在工作和生活中比较容易沟通,但在短视频中使用断言法会得到截然相反的结果。

举个例子:

假如现在有两个选择摆在你的面前,每个选择都有利弊,其实你不管选哪个都有理由。于是,你没有办法立刻决断,想要找自己的领导商量一下对策。这时,以下哪个领导会让你觉得他更值得信赖呢?其一,表现得和你一样犹豫,反复权衡利弊；其二，立马做出决断，并告诉你他的理由和依据。我想大部分人会更信赖后者吧。

在视频号上也一样，你就是意见领袖，因此一定要坚信自己所说的话，而不能说模棱两可的话。你不要用"之类的""基本上""听说"这种词语，也不要使用"我感觉……""或许……""……吧"这种句式，更不要给出"不错""还行""一般"这种评价，一定要有态度，有观点，并且断言。

断言是一种立场，是一种态度，更代表了你能够对自己发表的言论承担责任的实力。只有断言，才能让自己的内容更有吸引力。

比如，我在《在视频开头几秒如何抓住人》这条视频中说的第一句话是："视频的开头几秒决定了观众是否愿意看下去，是影响短视频完播率最重要的因素。"如果我在视频的开头说"视频的开头对视频的完播率是比较重要的"或者"它可能是最重要的因素"，效果就会大大减弱。

当然，断言不是让你为了博眼球而乱说，虽然你不一定要拿出多么严谨的证据来证明它100%正确，但是也要有一套自己的理论依据，能说得通才行。

4.5.2 用提问法吸引观众的注意力

有些话，用叙述句说出来显得平常，而用疑问句或反问句则能引人注意。提出一个问题，引发观众思考，是吸引观众注意力最简单的方式。

1. 设置一个震撼人心的问题

最容易吸引观众注意力的方法就是设置一个震撼对方心灵的问题。

比如，视频断更（断更是指有很长一段时间没有更新）的你，知道错失了多少流量吗？

断更对于创作者来说是常事，你聊这个话题的目的是想抓住对方，让他有危机感，让他不仅感觉到和自己有关，而且感觉到关系很大。

2. 设置一个引发共鸣的问题

这个问题越是对方的痛点，效果就越显著。比如，"都在用心做视频，为什么我的粉丝这么少？"这是很多视频号创作者遇到的问题，所以用这个问题开场，就一下子吸引了他们。

3. 设置一个猜谜式的问题

还有一种方法就是通过猜谜式的问题来吸引观众的注意力。比如，做视频号运营和做抖音运营，哪个机会更大？

对于猜谜式的问题给的选项，答案不能太明显，要两个答案都有可能，才会引起观众的思考和猜测，让观众想要继续看下去。如果你把这个问题改成"现在做视频号运营和做抖音运营还有机会吗"就没有意义了。因为答案明显是肯定的。

4.5.3 用悬念法勾起好奇心

用悬念式的开头能迅速地勾起观众的好奇心，使他们迫切地想知道到底发生了什么事。悬念的魅力如此之大，那么如何设置悬念呢？下面介绍两个技巧。

1. 突出不合理的场景

比如，潜逃 24 年的杀人犯因为没有绿码自首。

在《亮三点》节目中，有一期节目的开头就是通过悬念来吸引观众的，如图 4-15 所示。

图 4-15

2. 提出疑问制造悬念

其实这个技巧和提问法有一些相似,只是更强调要有悬念,也就是要让人意想不到。

比如,什么样的人在视频号上机会更大?这就是普通的提问法。而"抖音的点赞量为个位数,视频号的点赞量突破10万次,视频号到底给谁提供了机会?"这就是使用了悬念法。

一条视频的开头,就像一个人给他人留下的第一印象。如果开头没有吸引力,就算其他部分再好,观众也很难耐着性子看下去。所以,打磨视频脚本的开头至关重要。

总结一下,视频的开头可以用断言法、提问法、悬念法这三种方法,既可以单独使用,也可以配套使用。在观看优质视频时,你可以有意识地想一想创作者运用了什么方法开头,自己能否借鉴一下。

实战练习 21

用三种方法为 4.4 节已经找好素材的选题写视频开头。

选题	
用断言法开头	
用提问法开头	
用悬念法开头	

4.6 引发互动的结尾

一个好的视频开头要能吸引观众的注意力，而好的结尾则要能引发互动，包括关注、点赞、转发、评论、收藏。本节会分享三个实用的视频结尾方法：总结法、金句法、提问法。

4.6.1 用总结法引发收藏或关注

总结法最适合知识干货类的视频使用。你可以在结尾用简短的一句话提炼这条视频的知识点，让观众觉得内容很有料，最好再加上预告，预告下一条视频会讲什么知识点，引发观众收藏或关注。

比如，我在《视频号里的视频怎么全屏展示》这条视频的结尾说："综上所述，你最多在视频下方展示 8 行内容，再加上画面宽高比为 3∶3.5 的视频，妥妥地霸屏。至于评论是怎么展示在视频页面的，关注我，我在下条视频中告诉你。"

再比如，我在《在视频结尾如何引发互动 01》这条视频的结尾说："你要用能否引发互动为标准来审视你的视频结尾，对于知识干货类的视频，我建议用总结+预告的方法。关注我，我在下条视频中与你分享使用金句法的结尾"。

使用总结法说起来简单，但最考验的是概括能力，你需要用最精简的语言把整条视频的内容说清楚。下面介绍怎么精简内容。

精简就是去除那些常用的赘语。

1. 虚词

虚词就是没有实际含义的词。比如，着、得、了、是、那。尤其在口语中，我们喜欢加一些多余的虚词，这要注意避免。

2. 副词

很多副词与动词的意思重复，没有使用的必要性。比如，"有人开心地哈哈大笑"。哈哈大笑本来就因为开心，没有必要再加个副词。

再比如，"他每天日复一日地写作"，日复一日本身就是每天的意思。

3. 形容词

形容词太多也没有必要，比如，"高耸的楼房""弱小的孩子""可怜的乞丐"等。只有当一个形容词对观众的理解很重要时，才有必要使用。

4.6.2 用金句法引发点赞和转发

好的视频结尾要能引发互动。用金句给视频结尾，能够升华主旨，触动观众的内心，更容易引起点赞、转发。

金句，类似于上学时老师让我们背诵的名言警句，但是要比名言警句的范围更宽泛。它可以是几百年前古人写的一句诗或名著中精华的句子，可以是一句调侃的话，一句经典的台词、歌词，当下热门节目主持人或嘉宾的精辟总结，甚至也可以是民间经验。总之，那些能让你醍醐灌顶或引发你深思的句子，都可以是金句。

比如，我在《好封面的标准与案例》这条视频的结尾说："如果你想做好一件事，就不要放过任何一个细节。"

绝大部分人不具备自创金句的能力，所以我建议你按照 4.4 节讲到的方法收集素材，建立起一个自己的金句库，以便随时调用。你如果将金句的内涵参透，并合理、恰当地用在视频结尾，就会起到画龙点睛的作用。

4.6.3 用提问法引发评论

在视频结尾处抛出一个问题，更容易引起观众评论。关于怎么设置问题，可以借鉴我之前讲的视频开头的提问法：设置一个震撼人心的问题、引发共鸣的问题或者猜谜式的问题。

比如，我在《在视频结尾如何引发互动 03》这条视频的结尾问观众："你觉得在视频结尾是用总结法、金句法，还是用提问法更容易引发互动？"

实战练习 22

分别用三种方法为已经找好素材、写好开头的选题写结尾。

总结法	
金句法	
提问法	

4.7　主体内容要具备的四个特点

有了好的开头和结尾，如何呈现主体内容呢？主体内容最好能具备四个特点：简单、意外、具体、共鸣。

在《亮三点》节目中有个很经典的案例：

我们采访了六位投资"大咖"，有一个问题是"请说说你见过的最有趣或最奇葩的项目"。梅花天使创投的创始合伙人吴世春在那期节目中讲的内容火遍了创投圈。

他是这么说的："有一个团队的负责人找我谈投资，很严肃地说，他们的项目的A轮融资已经确定了由经纬中国投资，B轮融资确定了由红杉资本投资，C轮融资会由 BAT（百度、阿里巴巴、腾讯的简称）中的一家投资，这些都安排好了，现在就差天使轮融资了。"

我们来看看这个内容，简单吗？简单。它的简单不止在于用三言两语就能说清楚，最重要的是主题突出，没有干扰信息，你能立刻知道它想表达什么。

意外吗？当然意外。A、B、C 轮融资都搞定了，只差天使轮融资的项目实在违背常理。

具体吗？当然。讲一个"就差天使轮融资"的故事远远好过用一堆数据、术语来介绍自己是做天使轮投资的。

那引起了你的共鸣吗？"就差天使轮融资"非常形象地映射出了在创投圈中存在的一些好高骛远、眼高手低的现象。

在这个内容火了以后，吴世春在接受其他媒体采访时说，平时自己讲那么多创业的干货知识，没人传播，随便讲个段子，反而火了。这可不是随便讲的一个段子，它正好命中了好内容的四个特点：简单、意外、具体、共鸣。

接下来，我们就来看看要如何让脚本的主体内容具备这四个特点。

4.7.1　简单：让观众领悟到核心

在信息洪流中，如何让你讲的内容传达出去并为人牢记？第一步就要做到简单。所谓简单，不是用词简单，也不是道理浅显，而是要找到一个关键点。

如果你在一条视频中传达了太多信息，尤其在短视频里，故事脉络就会很混乱，观众无法领悟你的意图，视频也就达不到传播观点的目的了。因此，你不要试图在一条视频中加入太多的元素，而应该集中在一点上。

比如，表 4-1 左侧的内容是我的一个学员写的脚本，我在看完标题和开头后以为这条视频的核心是解释"厚德载物"这个成语，而主体内容强调的是职场诚信问题，结尾引用曾国藩的话来告诫大家做人不能太自私。1 分钟的内容传达了太多的信息，而且重点不突出。

我们可以把这个选题的关键词提炼为"诚信"，把所有的内容都围绕它来展开，而不要硬塞进去太多的素材，修改后的脚本见表 4-1 的右侧。

表 4-1

原版脚本	修改后的脚本
标题：我刚明白什么叫"厚德载物" 我们都知道清华大学的校训是自强不息，厚德载物。通过最近发生的一件事，我才真正明白什么叫厚德载物。 我们跟乙方公司谈定了项目，所有的结算款都已经谈好了，可是就在项目开始执行的时候，对方却反悔了。他说另外一个大公司也在跟他谈同样的项目，他不敢得罪大公司，就想跟大公司合作，不想跟我们公司合作了。 当听到这个反馈信息的时候，我简直无语了，在前期付出的所有努力，感觉都白费了。我立刻跟上游的甲方公司沟通了这件事情，一个项目已经确定要执行了，怎么半路还会杀出个"程咬金"呢？合作是不是要讲诚信呢？幸亏甲方公司还遵守合作的规则，就把这个项目撤销了。最后，乙方公司也没有再执行这个项目。 厚德载物指的是道德高尚者能承担重大任务，而这个故事中的乙方公司则没有道德可言，故而最后无法承担这个项目。 曾国藩说过：心存济物，指的就是控制自己的私心，与他人共赢共好。而自私自利、损人利己的人，是最不靠谱的人。这种人往往见风使舵，只会追逐自己的利益。最后的结果，也只能是损人损己。 德在前，钱在后，才能让财富长久。 你遇到过这样的人吗？	标题：不讲诚信在职场中无路可走 对于没有诚信的人我从来不讲情面，想损人利己，No way！ 前段时间我们跟一个乙方公司谈定了一个项目，可是就在项目要开始执行的时候，对方却反悔了。他说另外一个大公司也在跟他谈同样的项目，他不敢得罪大公司，所以要取消和我们的合作。 取消合作就意味着我们前期付出的所有努力都白费了。我并没有妥协，立刻就跟上游的甲方公司沟通了这件事情。 在我说明原委、道明利害后，甲方公司就把这个项目撤销了，所以乙方公司最后也没能执行这个项目。 不讲诚信的结果不会是损人利己，只会是两败俱伤。你遇到过这样的人吗？你是怎么处理的呢？

运用"简单"这个原则是指，无论你想表达什么，切记，不要贪多，只要围绕一个关键点展开你的内容就可以了。

4.7.2 意外：让观众全身心地投入

在开会、上课等场景中，你不得不集中注意力听。但在大多数时候，你没办法强求别人注意，只能吸引别人注意。

怎么吸引别人注意？回想一下，在生活中你会被什么样的事情吸引？在玩手机的时候，又是什么样的推送消息会让你忍不住点开？它们大概都有一个特点——意料之外。

在生活中，对于那些持续不变的事物，我们都会选择忽视。对于钟表声、洗发水的味道、餐具的摆放等，只有当它们发生变化的时候，我们才会注意到。

同样，你的视频要想吸引他人注意，就要具备"意外"这个元素，也就是要打破常规。

我们都知道，海底捞是一家以卓越的服务而著称的火锅品牌。员工不可能刚入职就可以提供非常优质的服务。海底捞之所以能解决这一问题，在很大程度上靠的是许多出人意料的服务，下面是一些案例。

一位顾客吃完饭要赶火车却打不到车，这时，海底捞的店长开着自己的车把他送到了火车站。

服务员上错了汤，赶紧送了一张玉米饼来道歉，玉米饼上面还有"对不起"三个字。

有顾客想把吃剩下的西瓜打包，服务员表示切好的西瓜是不能打包的，然后送上一个完整的西瓜。

服务员看到独自来吃饭的顾客，竟然拿来了一只布娃娃陪顾客一起吃，说这样顾客就不会孤单了。

服务员甚至为了让顾客能更安心地吃饭，帮顾客玩网游。

这些行为打破了原有餐饮服务的规则。可能在新员工看来，在上班时间开车送客人到火车站简直太荒唐了，跟他们曾经的服务理念相去甚远。对于每个消费者来说，这样的服务又何尝不是"意料之外"的呢？

海底捞的使命是提供业内最优秀的客户服务。这句话固然没错，但很遗憾，这听起来和其他餐饮企业没有不同。要想让信息引起人们注意，被记住、被传播，就要打破常规。"提供业内最优秀的客户服务"是常规，"帮顾客玩网游"则是打破了常规。

4.7.3 具体：让观众理解并记住

我们都是做着这样的数学题长大的："小明有 5 元钱，买包子花了 2 元钱，买豆浆花了 1 元钱，还剩多少钱？"这时，你会写下：5-2-1=2。

为什么要这样？因为抽象的观点不易于理解，不仅不利于教学，还不利于传播。而把抽象的内容具体化则可以避免这种问题。

怎么做到具体呢？要运用好基模，并在基模的基础上进行说明。"基模"指的是你的脑海里本身就存在的信息。

比如，我要向你解释圣女果是什么。

解释一：圣女果是一年生草本植物，属茄科番茄属。植株最高时能长到 2 米。果实鲜艳，有红、黄、绿等果色，单果重一般为 10～30 克，果实以圆球形为主。具有生津止渴、健胃消食、清热解毒、凉血平肝、补血养血和增进食欲的功效。

解释二：小西红柿。

显然，解释二既简单又清楚。因为解释二是在你已知的概念（西红柿）的基础上进行了加工。当我告诉你圣女果就是小西红柿的时候，你的大脑中自然地就唤起了西红柿的形象，然后再对它进行改造，也就是把它缩小。

在这个例子中，"西红柿"就是你已有的一个基模。

所以，你可以试着用基模来让你讲述的内容更具体、更生动。

4.7.4 共鸣：让观众行动或传播

好的内容要能够引发共鸣，要让观众能够由视频联想到自身。因为只有和自身切实相关了，才会引发进一步的行动。这个行动可能是转发你的视频、购买你的产品等。

美国卡耐基梅隆大学曾经开展了一项实验，调研影响慈善捐款的因素。参与测试的人被分为两组，其中一组人看到的是非洲饥荒的具体数据，如有多少人正在受难、缺少多少粮食等，而另一组人看到的是一个在饥荒中的小女孩的故事。结果后者的捐款额远远大于前者的捐款额。

为什么会这样？数据固然可信，但故事才能引发我们的共鸣，在看到那个小女孩后，我们不禁想到自己的孩子、自己的弟弟妹妹，就会捐出手中的钱，同情心就得到了安放。

再比如，名人的励志故事总被广为传颂，那是因为当阅读这些故事时，我们可以对比他人的成长经历，联想到自己，并从中获取能量，为下一步行动提供精神动力。

所以，你可以在视频中通过讲故事来引发共鸣。另外，当面对不同的人时，你要讲不同的故事。假如你是一个创业者，想展现自己坚毅的特点，在面对创投圈或职场人时，可以讲一个连续创业，屡战屡败、屡败屡战的故事。而如果你面对的是一群爱美的"小姐姐"，那么可能更适合讲的是你坚持运动、减肥成功的故事。

总之，在讲出一个故事想引导对方"感情用事"的时候，你要好好地问问自己，想引发对方什么样的情感、什么样的行动，对方又能从中得到什么。

实战练习 23

为实战练习 20 的选题写出主体内容，并分别从实战练习 20 和实战练习 21 中选出最合适的开头、结尾与主体内容搭配。

选题	
开头	
主体内容 （要具备简单、意外、具体、共鸣四大原则）	
结尾	

4.8 视频标题的展示和写作技巧

4.8.1 在哪里展示视频标题

我的视频标题在三个地方展示，第一个地方是视频画面下方的文字描述（这是在发布视频时需要填的)部分,这部分文字比较小,不够显眼,好处是可以写足够多的内容,所以在这里你可以把标题展开写,如图4-16所示。

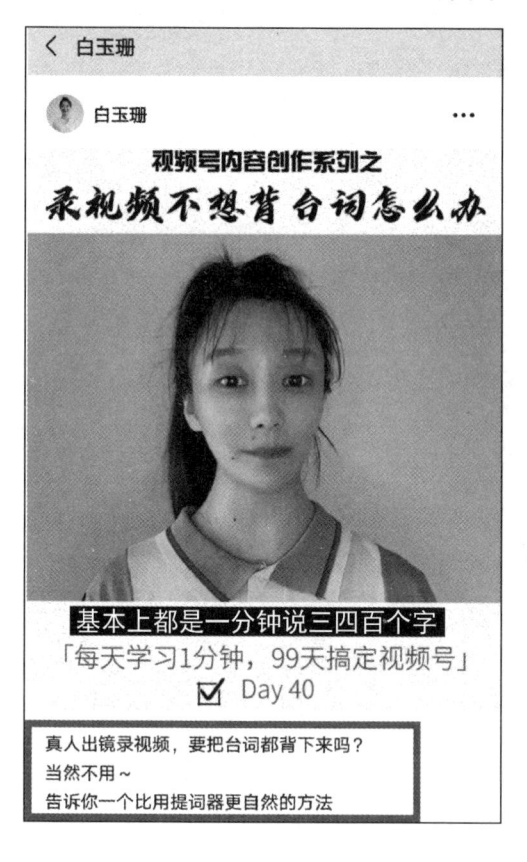

图 4-16

第二个展示视频标题的地方是视频画面的上方(如图4-17所示)。我会专门留出一部分空间写标题,字号会比较大,这是为了让观众在观看视频的时候一下子就知道视频的主题是什么。

第三个展示视频标题的地方是视频封面(如图4-18所示)。我的视频封面设置的时长是 1 秒,也就是说,在看视频的时候是一闪而过的,因为它的作用不是让刷到这条视频的人看的,而是当视频被转发到朋友圈或者社群的时候,别人一下子就可以知道我的视频在讲些什么。另外,这些视频封面可以作为目录,让那些进入我的视频号主页的人能够选择感兴趣的视频去观看。

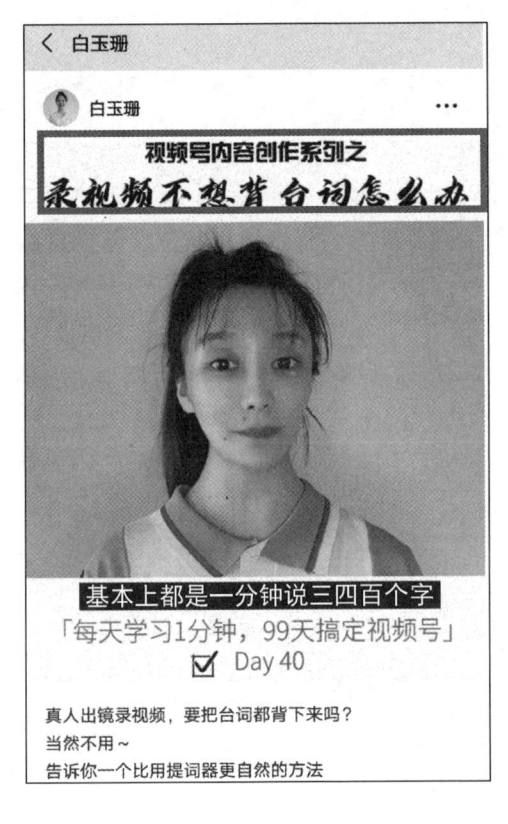

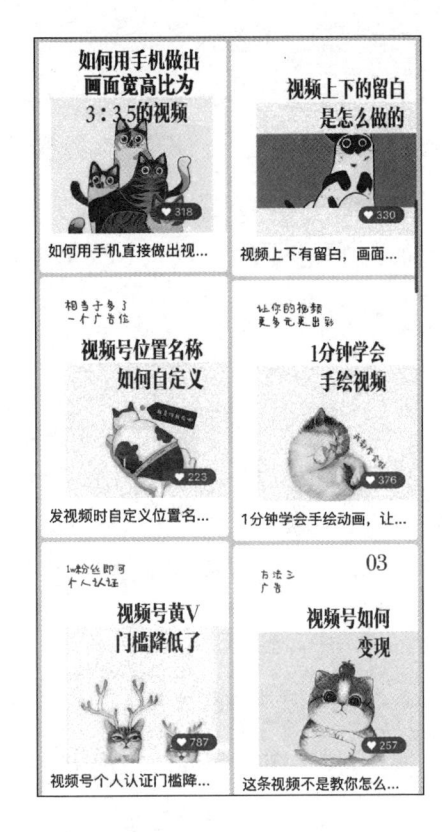

图 4-17　　　　　　　　　　　　图 4-18

4.8.2　掌握这三个写标题的技巧就够了

要想写出一个好标题，你首先要明白好标题和坏标题的区别是什么。

坏标题无外乎两种：一种是普通的标题，无法吸引观众点击；另一种则是极尽夸张的标题，能吸引观众点击，但观众在看到内容后就立刻想滑走，顺便再取消关注，因为视频的内容根本不是标题说的那回事。这种标题也就是我们常说的"标题党"。

一个好标题是基于视频内容完美提炼的，可能不如"标题党"吸引的人多，但被吸引的一定是精准受众，他们在点击后不看完不罢休。

网上有很多教你怎么写标题的文章，一篇文章能提供给你十几个方法，看起来都很有用，但你真到要写的时候，可能什么都想不起来。方法在于精而不在于多，下面介绍三个写好标题的方法，你只要熟练掌握这三种方法，就能应对大多数选题。

1. 有好处+有悬念

如果你的目标受众非常精准，你就可以采用这个方法。你要把视频可以解决的核心问题写在标题上，让观众知道看了这条视频能收获什么。

这是我常用的方法，因为我的视频的受众就是视频号创作者，我讲的内容也都是他们会遇到的问题，所以只要把这个问题很简练地写在标题上，有需要的人自然就会看下去。比如：

如何提高视频的点赞率？

视频号的流量越来越小怎么办？

这类标题可以让观众很明确地知道自己在看完视频后能得到什么样的好处，同时标题也具有吸引人的悬念。比如，在"如何提高视频的点赞率？"这个标题中，利益点就是"提高点赞率"，悬念是"提高点赞率的诀窍"。

2. 反常识+有对立

我们平时很容易被颠覆常识的标题所吸引，下面来感受一下。比如：

现在全面开通视频号，对你来说不一定是好事。

爱哭的女孩，运气都不会太差。

为什么在创业公司里员工应该比老板的工资高？

上面的几个标题都和我们的常规认知不符，让人很想一探究竟。而且在标题中都会有显性或隐性的对立面。比如，第一个标题的对立面就是"开通视频号是好事"，第二个标题中"爱哭"的对立面是"爱笑"，这两个标题的对立面都是隐性的，也就是没有在标题里明示，但观众看到标题就会联想到对立面。在第三个标题中"员工"和"老板"是对立的，这个标题的对立面是显性的。不管对立面是显性的还是隐性的，你都要在标题中刻意地构建起这种对立的感觉，有对立面就容易引发关注和讨论。

3. 列数字+强对比

带有数字的标题往往更有信服力，也能传递简单习得和速成的感觉，比如：

用 30 秒搞懂"10 万+"标题的套路。

从 180 个案例中，我总结出了 3 大投资策略。

大部分人对数字的敏感度大大超过对文字的敏感度,而且在标题中将重要的数字前置,利用数字的强烈对比效果会更好。

实战练习 24

用三个方法为在实战练习 23 中已经组合好的脚本写标题。

有好处+有悬念	
反常识+有对立	
列数字+强对比	

4.9 好脚本是改出来的

在写完脚本后,你先别着急拍摄。即使非常有经验的人,也不敢说自己写的第一个版本的脚本就是最好的。因此,你现在要做的是修改,甚至是反复地修改。

怎么修改呢?具体可以分为以下三步来进行:自我审视、交流请教、逐步修改。

4.9.1 自我审视

你首先要通读一遍你的脚本,在读完后,需要问自己以下问题:

(1)我真的表达清楚主题了吗?拍出来能让观众看懂吗?

(2)脚本结构是否完整、整体是否顺畅?

(3)这个内容是在自嗨还是能给观众提供真正的价值?

在自我审视后,如果你觉得内容没问题,就可以进入第二步。

4.9.2 交流请教

自我审视很重要，但在很多时候，你没办法看到自己的问题，需要与其他人交流。

你可以和其他视频号创作者结伴，在写好脚本后互相看看有没有问题。需要注意的是，"不错""很棒"之类的评价对你来说意义不大。正确的修改建议应该是具体的。

比如，你在为其他人提建议时，可以这样表达："我觉得你的脚本值得借鉴的地方有……"适当的鼓励是必要的，可以让对方发现并放大自己的优势。接下来，你要指出问题："我认为……还可以做得更好"。最后，你要提出有价值的修改建议，"如果让我来写，我会……"

这样的交流能够帮助你更快进步。不过，受限于能力和经验，有时这种方法的效果并不会太好。这时，你还需要水平较高的人来指导。

这就需要你平时结识一些欣赏你且在文案能力上比你强的人，并且你要在某些方面也能给对方提供帮助，不然让别人花时间给你指导，一两次还行，次数再多就招人烦了。

4.9.3 逐步修改

你要把在前两个步骤中发现的问题汇总起来，然后把这些问题按主题、框架、字词句三个维度分类，并进行修改。主题和框架请分别对照 4.2 节和 4.3 节进行修改，字词句可以参考在讲结尾时提到的总结法，让脚本字字珠玑。

在修改脚本时，你千万别怕麻烦，好的作品都是修改出来的。

实战练习 25

对实战练习 23、24 列出的脚本和标题进行修改。

自我审视后发现的问题				
交流请教后发现的问题				
修改后的脚本				

第 5 章
拍摄是一门大学问,掌握这些就够用

5.1 手机拍摄的最佳拍档

对于视频的拍摄,我建议你在初期用手机就可以了,不必一下子投入太大的成本。除了手机,你还需要一些配套的工具来帮助你更好地拍摄。

5.1.1 用三脚架解放双手

如果你需要较长时间的固定位置拍摄,就需要给手机配一个三脚架。三脚架有很多种,有桌面三脚架、落地三脚架,以及八爪鱼式三脚架。桌面三脚架和落地三脚架的区别只是大小不同,你要根据自己的使用场景,选择不同大小的三脚架。现在,很多自拍杆都有桌面三脚架的功能,所以你如果平时把手机放在桌面上拍,就不需要落地三脚架,买一个自拍杆就够了(如图 5-1 所示)。

图 5-1

如果你经常需要外出拍摄，就要准备一个八爪鱼式三脚架，它可以把手机固定在各种物体上进行拍摄（如图 5-2 所示）。

图 5-2

5.1.2 用稳定器避免晃动

稳定器的作用就是解决拍摄时镜头晃动的问题。如果你拍视频不需要移动镜头，就不需要它，反之，如果你要拍旅游、生活、运动视频，要在行走甚至奔跑时拍摄，那么稳定器可以在一定程度上保证画面的质量，如图 5-3 所示。

图 5-3

手机稳定器的价格在 300～1000 元。建议你不必选太贵的，够用就好。

5.1.3 用补光灯提高画面质量

补光灯大致分为两种：随身携带的小型补光灯和落地补光灯。

小型补光灯的售价为几十元，携带方便，可以直接夹在手机上，随走随拍，如图 5-4 所示。补光灯可以让画面质量更好，不过小型补光灯的光圈太小，可能会有阴影，所以它只是作为外出拍摄的补充方案。

落地补光灯的售价在 100～300 元，它不仅可以让画面质量更好，还可以作为手机的三脚架，使用非常方便，如图 5-5 所示。建议你选择直径大一点的落地补光灯，补光的效果更好。

图 5-4 　　　　　　　　　　　　　　　图 5-5

对于这两种补光灯，你最好都准备，平时在固定的场地拍摄时，你就用大的落地补光灯，在出门拍摄时可以随身带上小型补光灯。

5.2　花几十元搞定收音问题

手机的摄影和摄像能力突飞猛进，是每款手机在发布会上必提的亮点之一，但手机在话筒拾音能力方面却不尽如人意。

如果你想录制高品质的声音，那么最好配一个收音的设备。收音设备的种类很多，适用于不同的场景，价格差别很大，从几十元到上千元不等，如图 5-6 所示。你可以根据自己拍视频的场景来选择合适的麦克风。

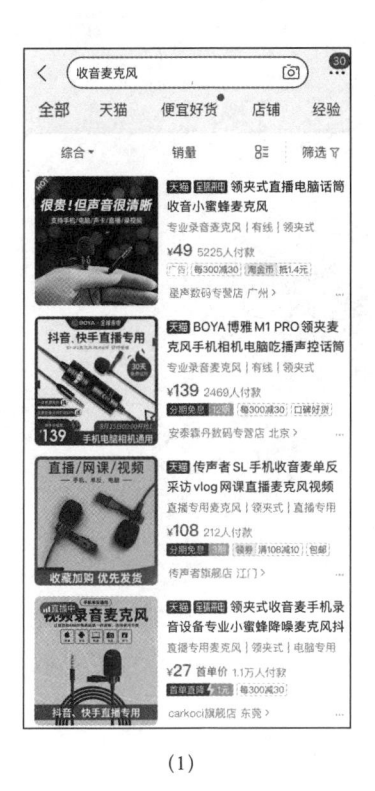

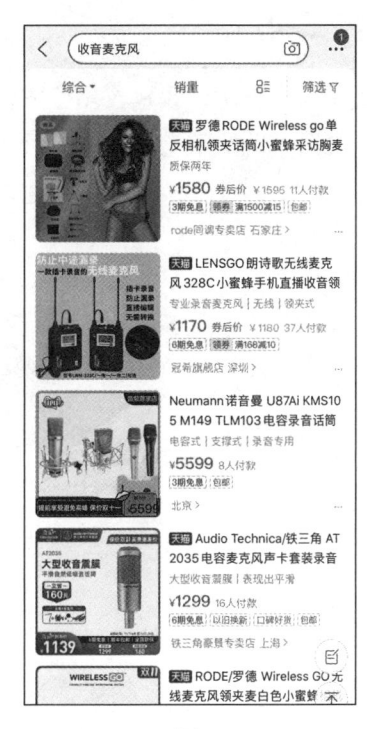

　　　　　　　　　　　(1)　　　　　　　　　　　　　　　　(2)

图 5-6

5.2.1　外拍

对于外拍来说，我建议用轻便的指向麦克风（如图 5-7 所示），它可以较好地拾取环境音和近距离的人声（如 1 米内的人声）。在旅行中拍摄的时候，你就可以用这种麦克风。

图 5-7

5.2.2 采访

对于采访来说，我建议用枪式麦克风，它通过线控连接相机、手机，指哪里录哪里，如图 5-8 所示。

图 5-8

5.2.3 解说

在需要持续解说的场景中，尤其在户外或较为嘈杂的环境中，你可以使用无线领夹麦克风（小蜜蜂），如图 5-9 所示。小蜜蜂的优点是可以隐藏在身上，尽可能地靠近声源，这样就可以减少很多背景噪声和环境噪声。

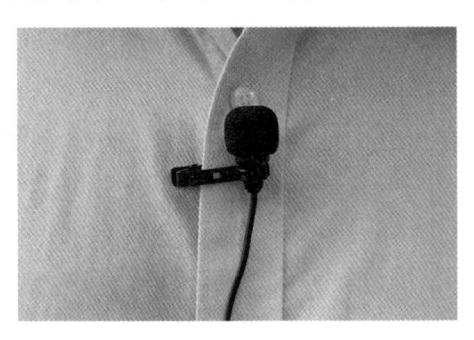

图 5-9

5.2.4 旁白

在室内录制旁白时，你可以用桌面电容式麦克风（如图 5-10 所示）。它使用方便、音质清晰。

图 5-10

5.2.5 多场景

如果你的拍摄会有多种场景，但是你只想买一种麦克风，那么我建议买一个好一点的小蜜蜂，即使在采访的时候，你也可以把它当成话筒拿在手上与采访对象进行对话，如图 5-11 所示。

图 5-11

5.3 演说类视频的拍摄技巧

在视频号上，很多人都采用对着镜头说几十秒的视频拍摄方式，但就是这样看似简单的操作，每个人拍出来的效果都不同。要想有好的效果，可以从以下几个方面来改进。

5.3.1 这招让你不用背稿还有镜头感

演说类视频全靠你在镜头前的表达，所以你的语气、眼神、表情都很重要。

在 1 分钟的视频里大概会说 300 个字，有些人会用提词器之类的工具，而我不建议使用，因为看着提词器会很不自然。为了有更好的镜头感，你也不能像背书一样把内容背出来，那该怎么办呢？

我的视频的时长基本上都是 1 分钟，我并没有刻意地记台词，而是把台词分成几段来说，说完一段看一下台词，在剪辑的时候把中间停顿的部分剪掉就可以了。只要你在录每段视频时的位置没有改变，观众基本上就看不出来断开的地方。但是如果你对视频的品质要求很高，不想让观众感受到一点点不连贯，那么下面的方法应该可以帮到你。

我经常在视频中插入图片等素材，这些素材一般都全屏展示或者占据大部分画面，总会挡住我。那么，对于展示图片前的台词和展示图片时的台词，以及展示图片后的台词，我就可以分成三段来说，因为有图片在中间隔开，所以观众完全感觉不到视频不连贯。其实在录展示图片的那一段视频时，你是可以念台词的。如果你的视频不像我这样经常需要用图片举例，那么可以根据内容插入适当的表情包。

你在录制前就要想好在哪里放素材，并且在台词上标注出来，在录制的时候效率就会很高。比如，我把上述内容录制成视频（具体视频参见视频案例 5-1），当时我的脚本如图 5-12 所示。

加底影的文字是在视频画面中展示素材的部分，每次换行都意味着我停下来看脚本了，也就是说，我把 1 分钟的视频分成 12 次来录，但是成片很自然，观众完全看不出视频断开了。

能不错、不漏地面对镜头把几百个字的脚本说下来是很困难的，可能要一遍一遍地录制。而用我介绍的这种方法，录视频基本一遍就能过。

有人说，那剪辑的工作量就增加了。自己剪过视频的人都知道，对于这种单机位视频来说，剪掉多余的部分很容易，而且用这个方法还有一个好处，就是画面不会一直不变而让观众产生审美疲劳。

在录视频的时候几百个字的台词都需要背下来吗？

正在我纠结今天和大家讲什么的时候，有个视频号创作者咨询了我这个问题。

我的视频的时长基本上都是1分钟，我的语速比较快，台词有三四百个字，我并没有刻意地去记，而是把它分成几段来说，说完一段看一下台词，在剪辑的时候把中间停顿的部分剪掉就可以了，基本上观众不会注意到断开的地方。

但是假如你对视频的品质要求很高，不想让观众感受到一点点不连贯，那么这个方法应该可以帮到你。

我经常在视频中插入图片等素材

比如在这条视频中，对于展示图片前的台词和展示图片时的台词，以及展示图片后的台词，我是分成三段来说的，因为有图片在中间隔开，所以观众不会觉得不连贯

其实在录展示图片的那一段时，我是可以念台词的。

如果你的视频不像我这样经常需要用图片举例，那么可以根据内容

插入适当的表情包。

大家在录制前就要想好在哪里放素材

并像我这样在台词上标注出来，在录制的时候效率就会很高。

用这个方法还有一个好处，就是画面不会一直不变而让观众产生审美疲劳。为了给大家做示范，我的这条视频是分成12段来说的，如果完全没有让你感觉到不连贯，那么双击屏幕鼓励我一下吧。

图 5-12

5.3.2 想要画面更有空间感就这么布景

在画面中除了你，还有背景。首先，背景要简约、不杂乱。比如，用书架做背景或者用有装饰画的墙面做背景都是不错的方式。当然，如果没有合适的条件，你用一面墙做背景也可以。

其次，布景最好能有空间感，让视频画面看起来更立体。方法也很简单，在拍摄时人物距离背景有一定的距离，就能营造出纵深感。如果在拍摄时有前景，也就是在主体前还有物体，空间感就会更强。在图 5-13 中，我距离墙面较近。在图 5-14 中，我距离墙面较远。在图 5-15 中，我距离墙面较远且有前景。

图 5-13

图 5-14

图 5-15

5.3.3 两种超级简单的构图方法

要想表达单人在镜头前,采用最简单的中心构图法就可以了,把人物放在画面正中间,使人物突出、画面平衡,图 5-13~图 5-15 就是用的这种方法。

你也可以用九宫格构图法。方法也很简单,利用手机的辅助线把画面分成九宫格,九宫格四条线的交汇点是人的眼睛最敏感的地方,所以你在拍摄时把主体放在四个点或四条线上,就能突出重点,且画面不会显得呆板,如图 5-16 所示。

图 5-16

辅助线的功能在哪里设置呢?iPhone 手机的设置方式如下:单击"设置"→"相机"→"网格"按钮(如图 5-17 所示);华为手机的设置方式如下:单击"相机"→设置(如图 5-18 所示)→"#参考线"按钮(如图 5-19 所示);其他品牌手机的设置方式类似。

图 5-17

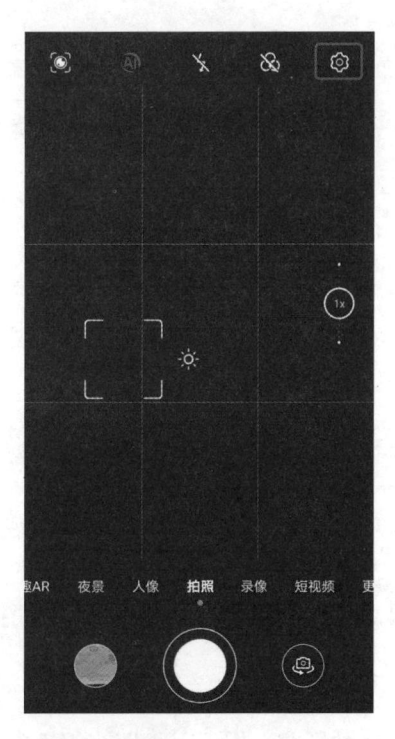

图 5-18

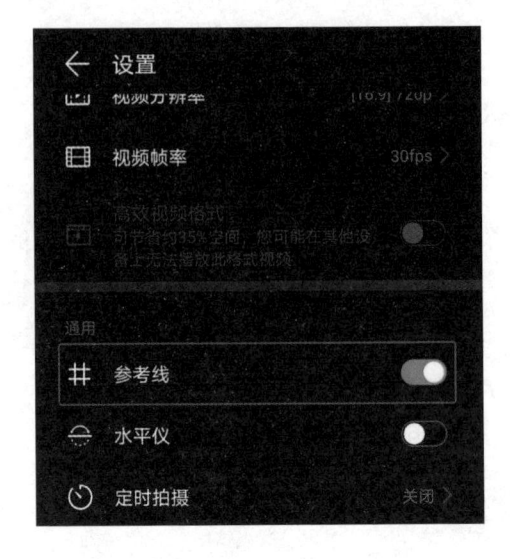

图 5-19

另外，对于拍视频来说，最好拍半身，让人物占据整个画面面积的 1/3 左右。大头照不可取，拍半身但人物占满画面也不好。

实战练习 26

如果你的视频是演说类的，那么完成以下步骤。

（1）把第 4 章写出的脚本用 5.3.1 节讲到的方法进行标注。

（2）布景，尽量有空间感。

（3）用中心构图法或九宫格构图法，摆放好手机的位置，并开始录制。

5.4 场景类视频的拍摄技巧

如果不是对着镜头"演讲"，而要拍摄场景类视频，那么要怎么拍呢？

5.4.1 三种常见的手机拍摄功能

1. 普通拍摄

在拍摄前，你可以先调节相机参数（分辨率和帧率），iPhone 手机的调节路径为

"设置"→"相机"→"录制视频"按钮（如图 5-20 所示），华为手机的调节路径为"相机"→设置按钮（设置页面如图 5-21 所示）。

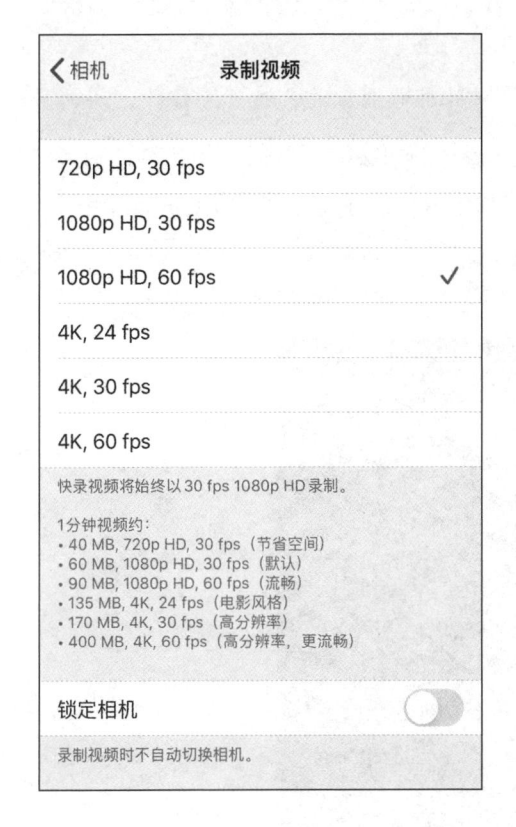

图 5-20

图 5-21

我在第 1 章中讲过，建议把视频显示格式设置为 1080p，这样拍出来的视频足够清晰，也不会太大。那帧率（fps）要怎么选择呢？帧率是指每秒拍多少帧，60fps 就代表每秒拍 60 帧。帧率越高，画面越流畅、越细腻，所以你可以选择"1080p HD，60fps"。

这里还需要注意的一点是，在户外拍摄的时候，你最好锁定自动对焦功能，因为如果人来人往，手机就会不断地自动对焦，拍出来的画面就会一闪一闪。锁定自动对焦的方法很简单，在拍视频的页面长按对焦点就可以了，如图 5-22 所示。

2. 延时摄影

延时摄影是一种将时间压缩的拍摄技术。在一段用延时摄影拍摄的视频中，物体或者景物缓慢变化的过程会被压缩到一个较短的时间内，呈现出平时用肉眼无法察觉的奇异、精彩的景象。

比如，我们看到的太阳迅速升起的视频、花朵绽放的视频、食物在烤箱里变化的视频就是用延时摄影来拍的。

可能有些人会问，用延时摄影拍摄的视频和加速播放的普通视频有什么区别？

视频其实可以被看成是由 N 张照片连续播放而形成的，普通视频每秒播放 24～60 帧，可以理解为 1 秒钟拍了 24～60 张照片，就形成了你看到的流畅的视频画面。而用延时摄影拍摄是慢速拍摄的，iPhone 手机自带的延时摄影功能是间隔 0.5 秒拍一张照片，也就是每秒只拍 2 帧。

图 5-22

但在播放的时候可不是每秒播放 2 帧，而是会压缩成正常视频的样子，比如用 30 帧/秒来播放，这时，就相当于拍摄的主体（比如日出）的变化被加速成原来的 15 倍。

如果你只拍几分钟的视频，那么用延时摄影拍摄和把普通视频加速，两者差别不大。但有些时候要拍几小时，甚至几天才能看到拍摄主体的变化（比如，一朵花的绽放），在这种情况下如果用常规拍视频的方法，那么你可以想象拍出来的视频素材有多大，后期很难处理。

对于上面介绍的这些内容，你即使没看懂也没关系，只需要记住：对于那些生活中变化很慢的事物，如果你想用短视频展现其变化过程，就用延时摄影拍摄。

iPhone 手机的"延时摄影"按钮在相机的菜单栏中就能看到（如图 5-23 所示），华为手机的"延时摄影"按钮在相机的"更多"按钮里，如图 5-24 所示。

图 5-23

图 5-24

目前，无法调节 iPhone 手机的延时摄影的时间间隔，如果你有这个方面的拍摄需求，那么可以下载 ProCam App 进行调节，比如设置成 1 分钟拍一张照片。对于华为手机来说，你可以直接在拍摄的画面中进行调节，如图 5-25 所示。

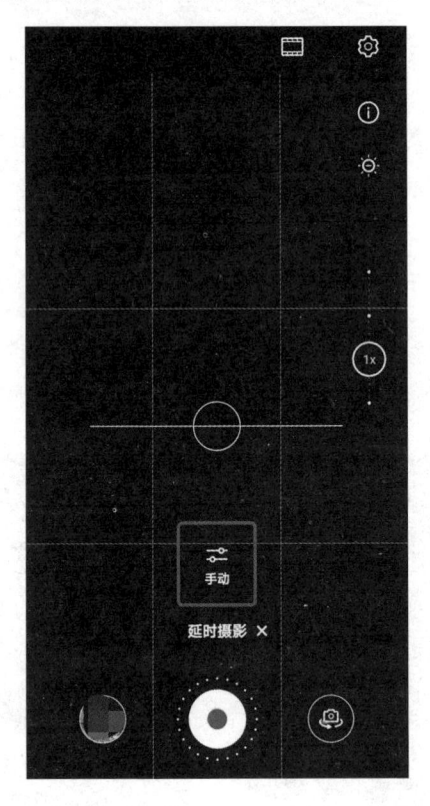

图 5-25

3. 慢动作

用慢动作拍摄和用延时摄影拍摄是相反的。用延时摄影拍摄 1 秒可以拍一两张照片，而用慢动作拍摄 1 秒可以拍几百张照片。

用慢动作拍摄的视频和减速播放的普通视频有什么区别呢？如果你用 240 帧/秒的慢动作来拍摄，再用 24 帧/秒来播放，就相当于主体动作的速度变成了原来的 1/10。而如果你直接把 1 秒的普通视频（比如 24 帧/秒）减速播放变成播放 10 秒，每秒就只能播放几张照片了，画面就会卡顿。

所以，对于那些快速运动的人或物，如果你想强调主体动作、把瞬间的变化延缓展示就可以用慢动作来拍摄。

iPhone 手机的"慢动作"按钮就在"延时摄影"按钮旁边。你是可以设置慢动作的帧率的，单击"设置"→"相机"→"录制慢动作视频"按钮可以调节，如图 5-26 所示。

华为手机的"慢动作"按钮和"延时摄影"按钮在同一个页面中，单击"慢动作"按钮后就可以在拍摄的画面上调节帧率了，如图 5-27 所示，比 iPhone 手机要方便一些。

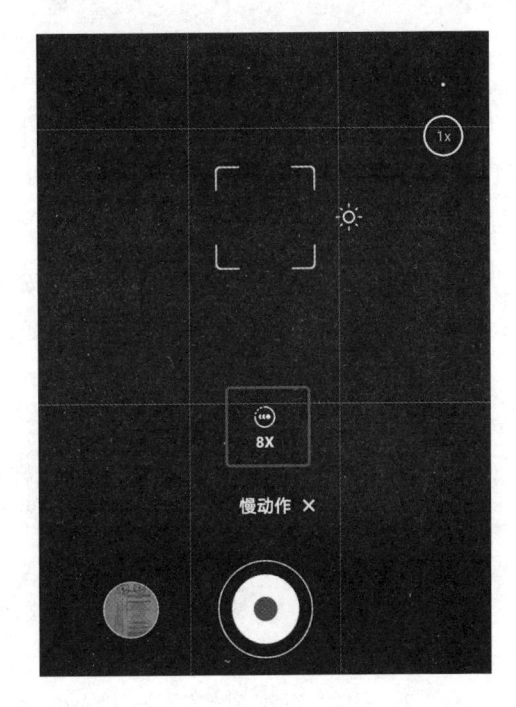

图 5-26

图 5-27

5.4.2 运镜技巧

不管你拍摄的主题是美食、艺术，还是旅游，都需要思考怎样用镜头丰富你的故事。

为了让后期剪辑的素材更丰富，呈现出的视频观看体验更好，在拍摄时，你可以把同一个事物的全景、中景、特写都拍下来。

那么要怎么拍呢？拍摄技巧太多了，但对于大部分人来说，不用拍多么炫酷的视频，所以你掌握下面这三个运镜技巧就足够用了。

1. 推拉

在拍摄主体时，你可以采用由远到近推近镜头或者由近到远拉远镜头的方法。

比如，你要拍一个人，可以从远处慢慢地推近镜头，也就是从全景到特写。你也可以反过来，从特写到全景，但不要忽远忽近。

推拉还有一个技巧，就是可以设置前景。你可以先拍前景，然后再把镜头推到主体，反过来也一样。比如，人是主体，你可以先拍人物前面那束花，再拍人。

2. 旋转

旋转有两种。一种旋转是你转，手机不转。比如，你拍一个画展，四周都是画，你就可以拿着手机旋转一圈，把周围的画都拍下来。不过你要注意旋转速度要保持不变，不要转得忽快忽慢，镜头也不要上下晃动。

另一种旋转是你不转，手机转。比如，你拿着手机先倒着拍楼房再慢慢把手机正过来，这样就能把一些很普通的事物拍得有视觉冲击力。

3. 平移

平移就是镜头跟随着主体移动。比如，你想拍一个人从 A 点走到 B 点，就可以跟着他，镜头随着他一起走。同样，你要注意镜头不能晃动，和他的相对位置也要保持不变，不要忽远忽近。

假如你想拍一只可爱的小狗，同时运用这三种方法，就可以先由远到近把镜头推近这只狗，再拿着手机绕着这只狗拍一圈，最后在它走动或跑动的时候跟着它拍一段视频。用这样的素材剪辑出来的视频，就很丰富了。

5.4.3 有节奏感的视频更吸引人

1. 画面节奏

视频画面的节奏分为内容节奏和速度节奏，它在很大程度上决定了观众在看视频的时候是看得津津有味还是越看越无趣。就像一首歌的节奏在什么时候该快、在什么时候该慢、在什么时候该强、在什么时候该弱，前奏、主歌、副歌分别占多长时间，都是有讲究的。

比如，以一条三四十秒的视频为例，内容节奏可以按以下方法设计。

开头：用 3~5 秒抛出主题或者核心吸引点。

主体：先用 5~6 秒设置一个小高潮吸引观众，再用 20 秒左右进行主要内容展示和主题表达。

结尾：用 3~5 秒引发观众互动。

视频画面除了要有内容节奏，还要有速度节奏。比如，我制作的一条介绍广州的视频，就是通过画面先快后慢的节奏来表现反转的（具体视频参见视频案例 5-2）。

2. 声音节奏

最有效的声音技巧是"停顿"，在音乐领域也如此。如果你听 Rap 就会发现，Rapper 们会在音乐的高潮时突然停顿，这种 Rap 技巧叫 break。一次恰到好处的停顿，很可能成为一场表演最大的亮点。同理，在视频中，你也可以通过短暂的停顿产生震撼力。

你还可以通过变化语调让视频更有节奏感。当想要强调某一点的时候你可以说得大声些，观众会更关注和更重视这句话。如果你所讲的事情比较敏感，或者比较煽情，那么要放低音量，语气要更亲切。比如，你小声和观众说："给大家讲个小秘密……"这时，你小声说话同样会引起观众的注意。

总之，比起一成不变，在视频恰当的地方通过声音大小、语速快慢的变换，会让观众看得更投入。

实战练习 27

如果你的视频是场景类的，那么你可以拍摄一系列视频素材，要求如下：

（1）要用到普通拍摄、延时摄影和慢动作三种拍摄方式。

（2）要用到推拉、旋转、平移三种运镜技巧。

（3）将素材进行排序，要有节奏感，以便为剪辑做准备。

通过这个练习，你可以掌握最基本的手机拍摄技巧。

第 6 章
用对了方法，剪辑就会很轻松

6.1 超好用的剪辑软件

如果你想更专业地剪辑视频，就用 Premiere（简称 Pr）。Premiere 是 Adobe 公司推出的一款视频剪辑软件，几乎可以满足你在视频剪辑方面的各种需求。但是该软件的操作相对复杂，需要一段时间的学习，才能够上手。

如果你想要能更快上手，同时功能还很全面的软件，那么下面有几款软件推荐给你。

在手机端，我推荐使用剪映 App。剪映 App 是抖音官方推出的一款手机视频编辑工具，功能非常强大，使用体验也很好，我的视频基本上都是用剪映 App 完成的。

视频号也推出了自己的剪辑应用——秒简 App（如图 6-1 所示）。在秒简 App 中有很多视频模板。你可以用秒简 App 给视频添加标题、字幕、音乐（如图 6-2 所示），导出的视频也正好是视频号最大画面宽高比为 3∶3.5 的视频。如果你只是随手记录生活或者在视频号上发表几句自己的感想，那么使用秒简 App 是够用的。你也可以把秒简 App 和剪映 App 组合起来使用，之后会讲到具体的做法。

在电脑端，我推荐使用快剪辑。对于苹果电脑来说，你也可以用它自带的 iMovie。

快剪辑是 360 公司出品的一款视频剪辑软件，软件的设计非常符合中国人的操作习惯，不像 Premiere 那么复杂，非常适合一般创作者使用。快剪辑除了支持电脑端，还支持手机端，可以在不同的设备上进行视频的剪辑和合成。

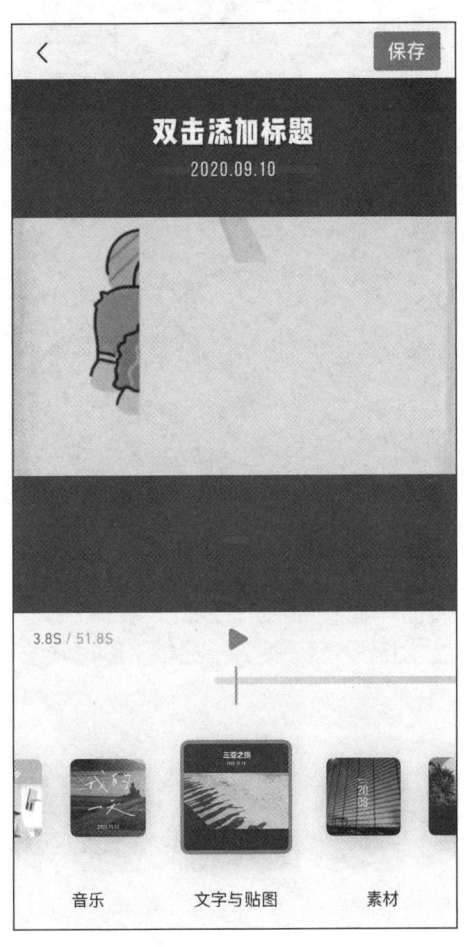

图 6-1

图 6-2

本书提倡用低成本、简单的方法做出高质量的视频，所以我会在 6.2 节重点介绍剪映 App 的使用方法。你也可以通过剪映官方的教学视频来学习，在剪映 App 中搜索"剪映小助手"（如图 6-3 所示），单击"课程"选项（如图 6-4 所示）就可以看到官方的教学视频了。

对 Premiere 的使用方法我就不在这里详述了，如果要展开介绍，那么估计可以写一本书。我建议你在网上搜索相关的教学视频或者买专业书籍学习。

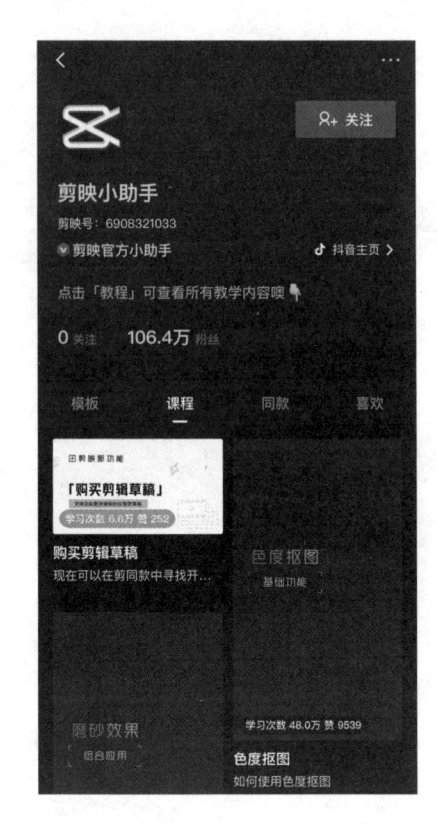

图 6-3　　　　　　　　　　　　　　图 6-4

6.2 用手机剪出大片

6.2.1 只用这三个基础操作也能做出"爆款"

在视频号上,很多"爆款"的制作都很简单。比如,给一段拍摄风景的视频配上金句、对着镜头讲一段话、给几张照片配上音乐和歌词……

对于这些视频的制作,你只要掌握三个基础操作就可以了,即剪切、拼接素材,添加旁白和字幕,添加背景音乐。

在打开剪映 App 后,单击"开始创作"按钮(如图 6-5 所示),导入手机相册里的视频或图片素材。

图 6-5

1. 剪切、拼接素材

要剪切掉视频中多余的部分,记住移、选、割、删四个字就可以了。

首先,把分割线(白色的线)移动到你想要剪切的地方,然后选中视频(被选中的视频会出现白框),单击"分割"按钮(如图 6-6 所示)。分割后的效果如图 6-7 所示。

图 6-6    图 6-7

如果从分割点到最后的素材你都不想要了,就选中分割后的视频,单击"删除"按钮(如图 6-8 所示);如果你不想要中间的一段视频,比如第 3 秒~第 5 秒的视频,那么你还要在第 5 秒的地方也分割一下,然后选中分割好的这段视频,单击"删除"按钮,如图 6-9 所示。

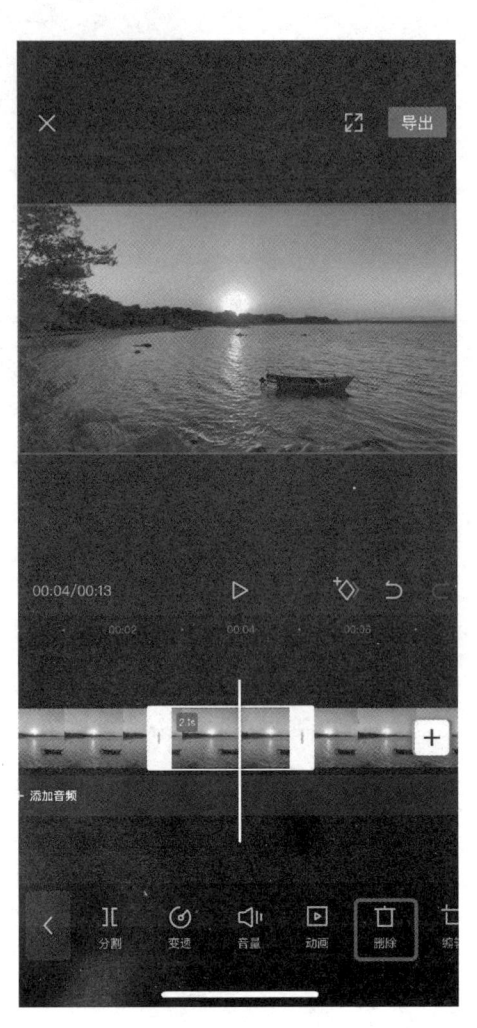

图 6-8　　　　　　　　　　　　　　图 6-9

怎么把多条视频/多张图片素材组合在一起呢?单击图 6-10 中的"+"按钮就可以导入新的素材了。

要怎么处理每段视频之间的衔接呢？单击两条视频之间的"|"，就会出现转场效果，选择合适的效果就可以了，如图 6-11 所示。

图 6-10

2. 添加旁白和字幕

如果需要给视频配音，那么单击"音频"（如图 6-12 所示）→"录音"（如图 6-13 所示）→"按住录音"按钮（如图 6-14 所示）就可以了。

视频号掘金
获取微信生态红利的新玩法

(1)   (2)

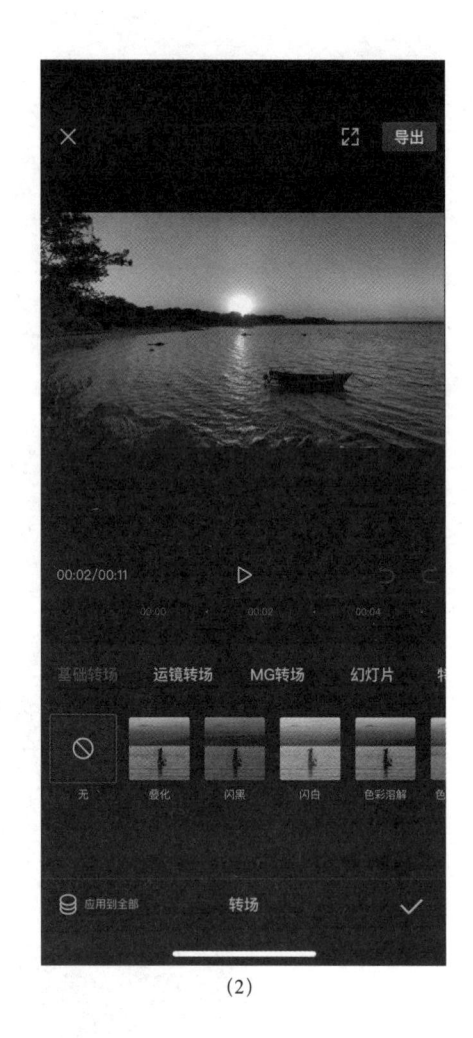

图 6-11

  如果你的视频本身就带有旁白，即你是一边说话一边录制的，你就可以单击"文本"（如图 6-15 所示）→"识别字幕"按钮（如图 6-16 所示）直接添加字幕。

  当然，自动识别字幕会有一些错字，你需要审核、修改。

  如果视频没有声音，比如你的视频的内容就是风景展示，但你想在视频画面中配上文案，就可以单击图 6-16 中的"新建文本"按钮来添加文字。

第 6 章 用对了方法，剪辑就会很轻松 169

图 6-12

图 6-13

图 6-14

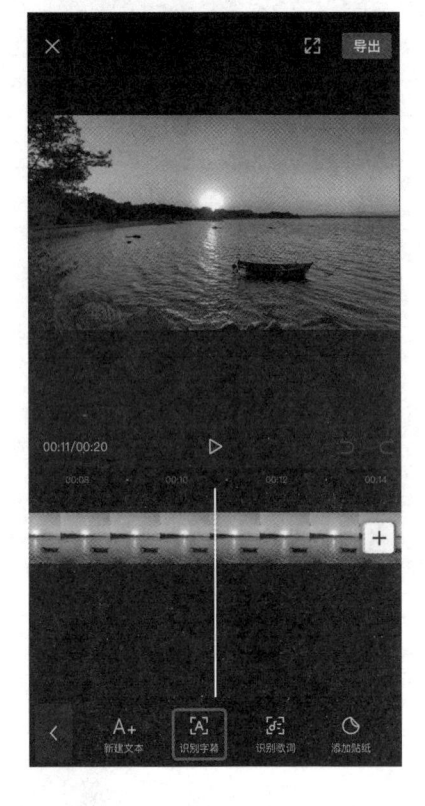

图 6-15　　　　　　　　　　　　　图 6-16

你可能还看过很多视频，画面上有文字，声音是机器女声，这是怎么做到的？也很简单。

首先，单击"新建文本"按钮，打出你想展示的文字，然后选中文字，在下面的菜单栏中就会出现"文本朗读"按钮，单击它就会生成有机器女声的音频了，如图 6-17 所示。

3. 添加背景音乐

在视频剪辑页面，单击"音频"（如图 6-18 所示）→"音乐"按钮（如图 6-19 所示），可以选择剪映 App 推荐的音乐，也可以导入其他平台的音乐。比如，你在网易云音乐中听到一首特别喜欢的歌，只要复制这首歌的链接（如图 6-20 所示），在剪映 App 中单击"导入音乐"按钮再粘贴链接就可以了（如图 6-21 所示）。同样，如果你想用某条视频的配音，那么也可以直接复制这条视频的链接，剪映 App 会直接提取它的音频。

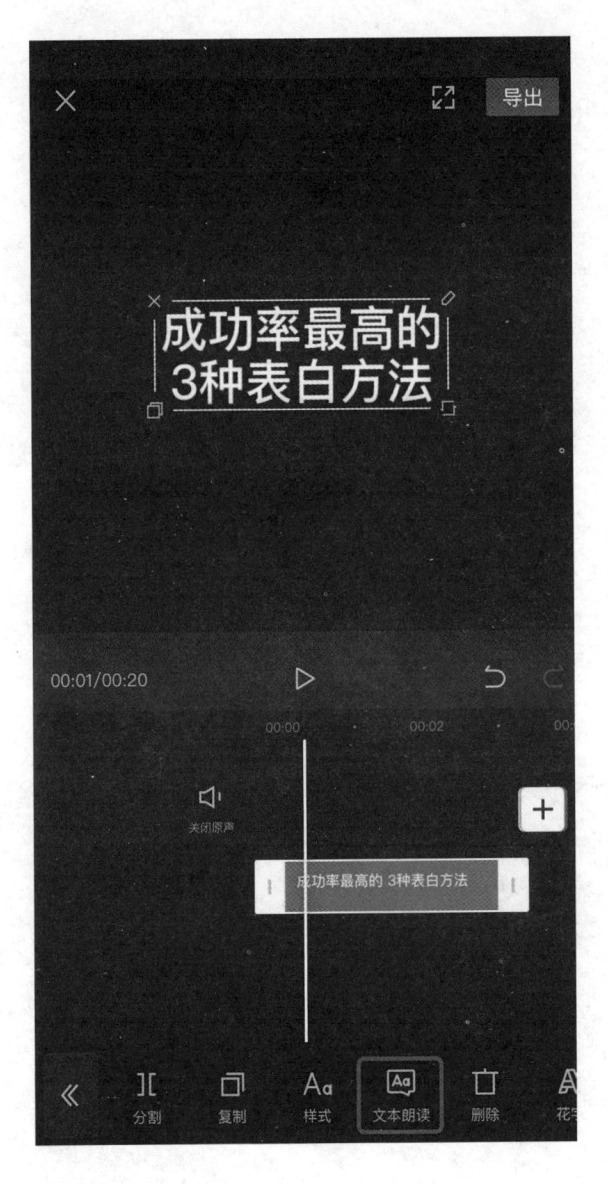

图 6-17

  选择音乐有一个技巧，如果用特别受欢迎的明星的歌做背景音乐，那么你的视频也会更受欢迎。图 6-22 是一个绘画类视频下的评论。

  这个视频号的所有画都是一种风格的，其他视频的点赞量只有几十次，但这条视频的点赞量有几千次。为什么会这样？在看了评论后你就会得到答案，这条视频用了华晨宇的歌做背景音乐，然后就火了。当然，我并不是说你的视频只要用这些明星的歌就会火，但是这样会增加视频被系统推荐的概率。

图 6-18

图 6-19

图 6-20

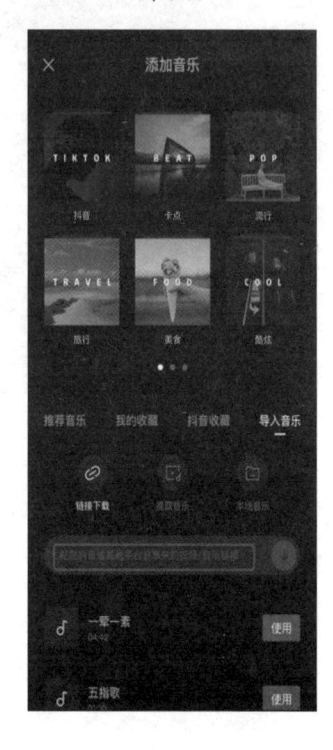

图 6-21

所以，你在不知道要选择哪首背景音乐的情况下，就选择热度高一点的明星的歌吧，尤其对于没有旁白只有背景音乐的视频，这点更重要。

图 6-22

6.2.2 搞定画面背景和宽高比

1. 画面背景怎么换

你可以看到我的视频只有中间有画面，上下方都是留白及文字（如图 6-23 所示），很多人都问我是怎么做到的，因为问的人多了，所以我后来还做了一条视频专门讲这个操作方法。

在视频号上，大多数只有中间有画面、上下方放文字的视频的背景都是黑色的，因为剪映等剪辑 App 的默认背景就是黑色的，所以很少有人意识到可以改变背景。

我的视频的封面主体是白色的，视频背景也是白色的，风格就很统一——清新简约。

怎么换一个更符合自己视频号调性的背景呢？单击"背景"（如图 6-24 所示）→"画布颜色"（纯色背景）或者"画布样式"（有图案或花纹的背景）按钮（如图 6-25 所示），在画布样式中还可以自己上传背景。

视频号掘金
获取微信生态红利的新玩法

图 6-23

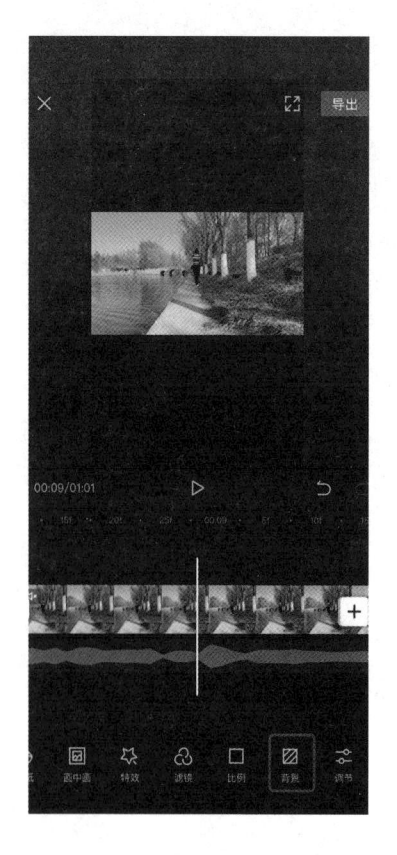

图 6-24

图 6-25

我做过一个关于武汉早餐文化的视频，背景就是自己上传的一张和主题相关的图片（如图 6-26 所示）。

图 6-26

背景在很大程度上能建立辨识度，并且能体现你的视频的调性和风格，所以你要选择适合自己的背景。

还有一个很简单的设置背景的方法，就是把 6.2 节用剪映 App 做好的视频导出，用秒简 App 来添加视频背景。秒简 App 中的背景都很简约、高级，只要选择适合自己的模板就可以了（如图 6-27 所示），而且导出的视频的画面宽高比就是 3∶3.5。当然，毕竟这是用模板做的，你会用，别人也会用。如果你不想和别人的视频背景一样，就用剪映 App 来做。

2. 如何用剪映App做出画面宽高比为3∶3.5的视频

视频号里的视频的最大画面宽高比是 3∶3.5，但是在剪映 App 中没有办法设置这个画面宽高比。我一般把视频的画面宽高比做成 9∶16，然后上下留出一定的空白，视频在发布的时候会被自动裁剪，如图 6-28 所示。

怎么用剪映 App 做出画面宽高比为 3∶3.5 的视频呢？

首先，需要制作一张宽高比为 3∶3.5 的图（如图 6-29 所示）。

图 6-27

图 6-28

图 6-29

其次，在剪映 App 中导入这张图片，再导入视频素材（如图 6-30 所示），调整视频画面的大小，使其占满整个画面。调整前的页面如图 6-31 所示，调整后的页面如图 6-32 所示。最后，删除宽高比为 3∶3.5 的图，导出后的视频的画面宽高比就是 3∶3.5。

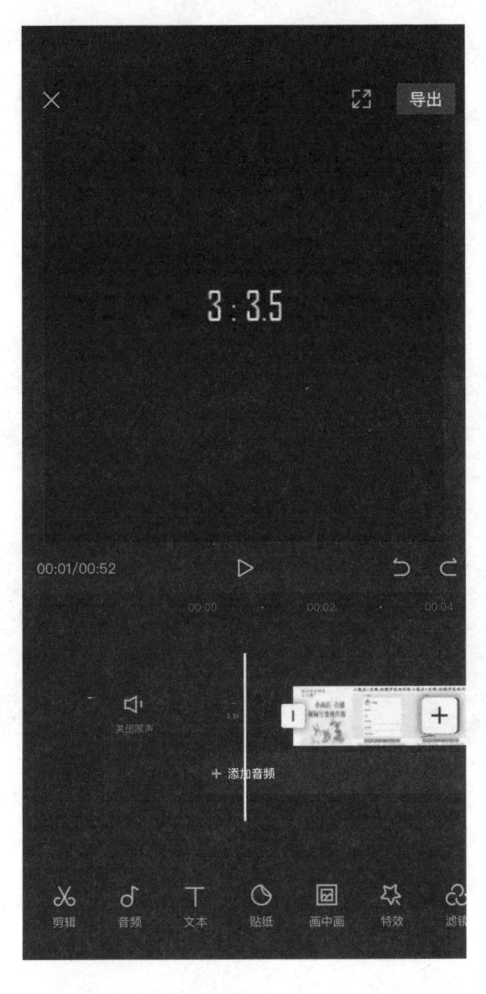

图 6-30

这个方法相当于把一团面放进了蛋糕模具里，在把模具去掉后，面团的形状仍然是模具的形状。

可是怎么制作宽高比为 3∶3.5 的图呢？你可以在我的微信公众号"小白最白"中回复"图片"，就会收到宽高比为 3∶3.5 的图片（如图 6-33 所示），你保存下来就可以使用了。

图 6-31　　　　　　　　　　　　　　图 6-32

3. 画面宽高比为9∶16的视频怎么展示完整

在第 1 章中提到，很多抖音的视频创作者会把自己的作品直接发到视频号上。但是因为他们做的是适配抖音的画面宽高比为 9∶16 的视频，所以这些视频被发到视频号上就会有一部分内容被裁剪，有没有办法让画面展示完整呢？

其实很简单，使用刚才讲到的方法就可以实现。先在剪映 App 中导入宽高比为 3∶3.5 的图，再导入画面宽高比为 9∶16 的视频。这样，你的视频在发布的时候就能展示完整，只是视频不能占满整个画面，在两侧会露出背景而已，如图 6-34 所示。

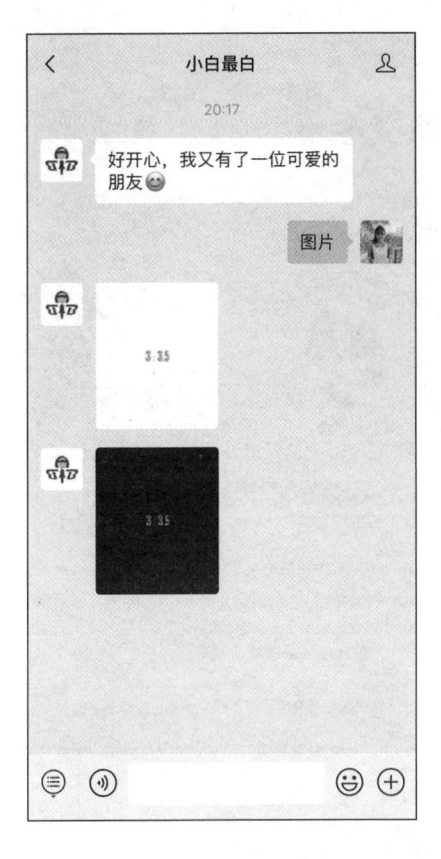

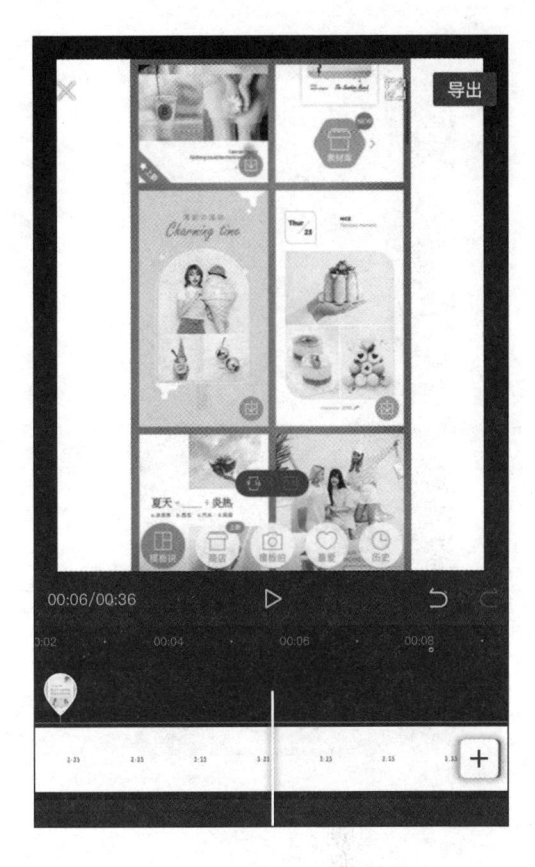

图 6-33   图 6-34

6.2.3 如何添加封面

　　我的做法是设计一张封面图（用 3.4 节讲的方法），然后把它添加在我的视频前面，把播放时长设置为 1 秒，如图 6-35 所示。

　　之所以把封面的播放时长设置成 1 秒这么短，让观众在看视频的时候一闪而过，是因为我的视频里全程都展示了标题（如图 6-36 所示），而且我说的第一句话也会说明我的视频主旨，所以封面不需要停留很长时间。我的视频封面的作用是视频在被转发到社群和朋友圈时给人留下好的第一印象，以及观众在进入我的视频号主页后能知道每条视频讲的是什么内容，相当于一个目录。

图 6-35　　　　　　　　　　　　　图 6-36

　　如果你的视频里没有标题的展示，你需要观众通过封面来了解你的视频主旨，或者你的视频的第一句话和标题一样，或者你觉得封面做得不错能吸引人，那么你可以让封面多停留几秒。你不要只单纯地展示封面，否则观众会觉得这是静态的图片就把视频滑走了。你要说台词，比如把封面的内容念出来，或者说一些其他相关的内容。我刚开始有几条视频就是这么做的，如图 6-37 所示（具体视频参见视频案例 6-1）。

图 6-37

6.2.4 用10秒搞定片头和片尾

剪映 App 中有很多模板可以使用。

如果你想给自己的视频添加一个炫酷的片头和引导关注的片尾，而嫌自己做动画效果太麻烦，那么你只需要在剪映 App 中搜索关键词，就可以出现很多模板（如图 6-38 和图 6-39 所示）。在选择模板后，只要替换素材和文字就可以了。

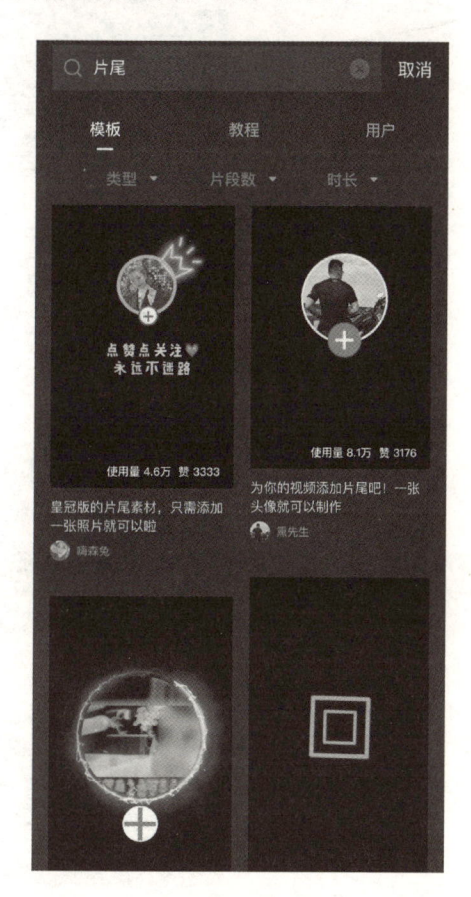

图 6-38

图 6-39

6.2.5 怎么把图片做成视频

有以下两个方法。

方法一：把所有图片存在手机相册中，打开相册并开始录屏，一张一张地滑过照片，自己把握每张照片的停顿时间。然后，把录屏的视频放在剪映 App 中，添加音乐，裁剪掉不需要的部分，最后导出视频就大功告成了。

方法二：打开剪映 App，单击"剪同款"按钮，里面有多种模板，你只要选择合适的模板，然后把模板替换成你的素材就可以了，如图 6-40 所示。

图 6-40

实战练习 28

将实战练习 27 拍出来的素材用本节的方法进行剪辑，注意视频的节奏感并配上合适的文案。

6.3 不想拍视频怎么做视频

很多人不想真人出镜甚至连生活中的事物都不想拍，那么可以采取以下几种方式来做视频。

6.3.1 手绘视频

你可能看过很多通过手绘来讲解知识点的视频（如图 6-41 所示）。

图 6-41

这种视频要怎么做呢？其实很简单，在电脑端使用 VideoScribe，在手机端使用美册 App 就可以实现。使用方法如下。

下载美册 App，单击"制作"（如图 6-42 所示）→"手绘视频"按钮（如图 6-43 所示），录制或者导入音频（如图 6-44 所示），选择合适的视频宽高比（即视频尺寸）。我的视频主画面（不含画面上下的文字）的宽高比都是 4∶3，所以我就选择这个宽高比（如图 6-45 所示）。

图 6-42

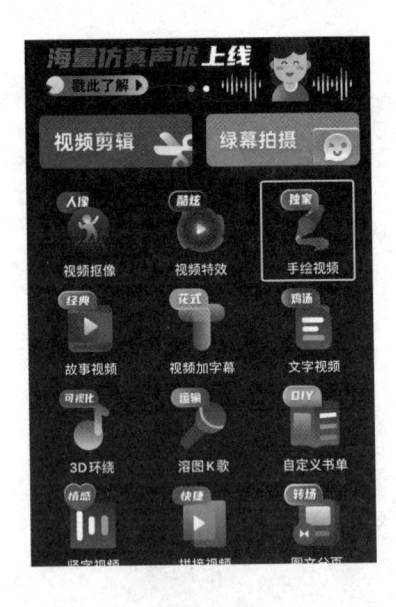

图 6-43

图 6-44

图 6-45

你可以换一个喜欢的背景，接下来设置文字（如图 6-46 所示），删掉不需要展示在画面上的文字，也可以设置字体，如图 6-47 所示。

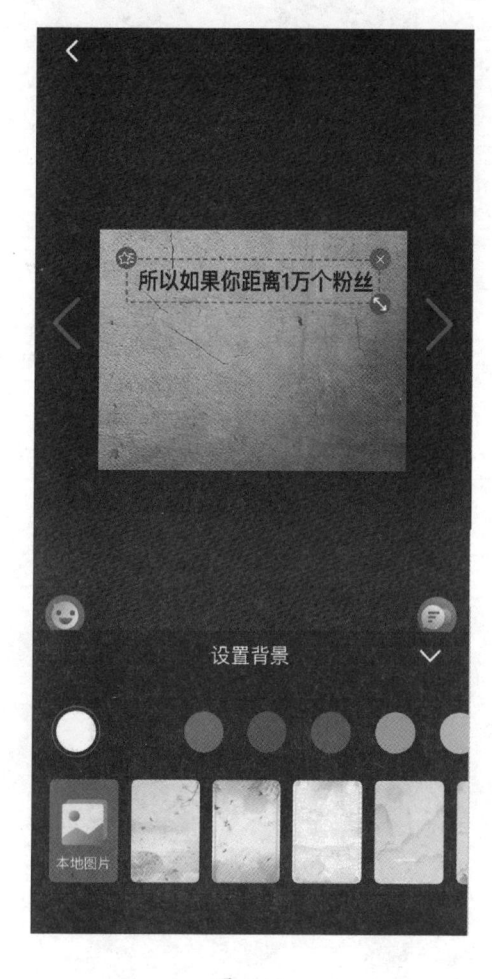

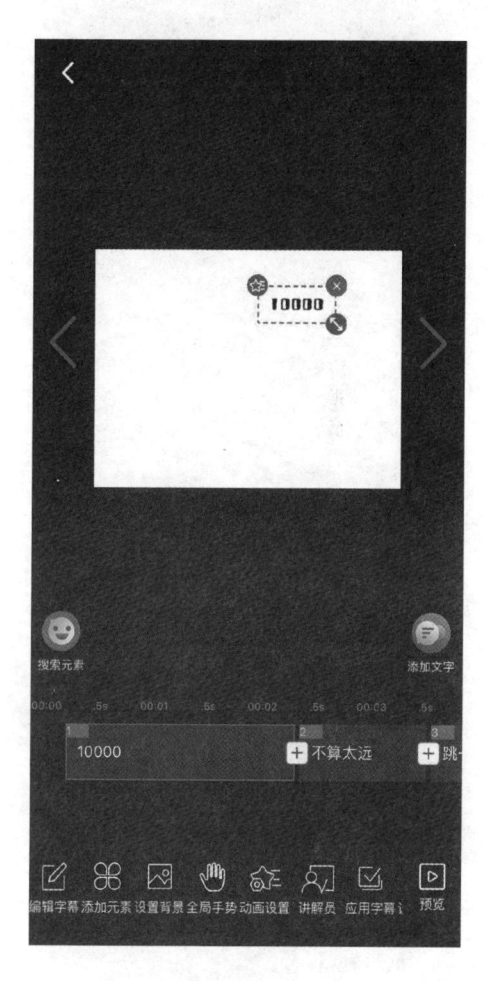

图 6-46

图 6-47

接下来就是最重要的步骤——添加元素，在素材库中找到能大致表达这句话含义的图片，当然，你也可以自己上传图片（如图 6-48 所示），然后调整图片大小（如图 6-49 所示），还可以选择喜欢的手绘方式，如图 6-50 所示。

这句话的动画就设置完了，采用同样的步骤设置完后面句子的动画就可以生成预览了，如图 6-51 所示。

图 6-48

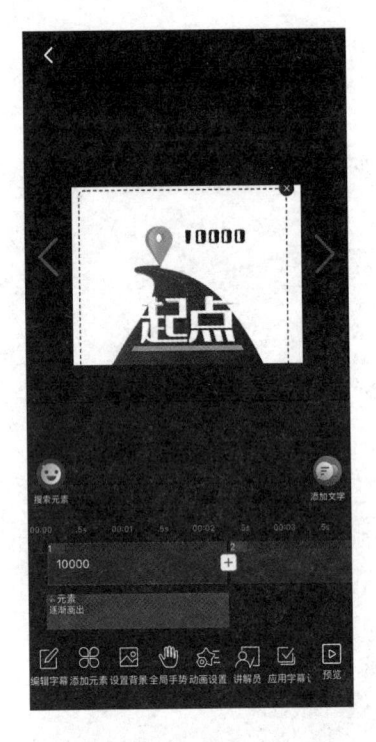

图 6-49

图 6-50

图 6-51

美册 App 的手绘功能要收费，一年需要 100 多元。如果你需要多次使用这个功能，那么还是非常划算的。

6.3.2 文字动画

在 2.7.5 节我讲过在画面中不要只出现文字，因为这样没有辨识度，很像批量做号的机构做的。下面分享一下文字动画的视频（如图 6-52 所示）是怎么做出来的。你可以在视频中穿插使用文字动画。比如，在视频中你需要特别强调某一句话，就用文字动画来展现，这样可以使视频的画面更加多元化，观众也不会产生审美疲劳。

制作方法很简单，只要在手机上下载字说 App 就可以实现。在字说 App 的首页单击中间的按钮直接录音生成文字动画，或者单击"导入"按钮，提取视频中的语音，再转换成文字动画就可以了（如图 6-53 所示）。

你也可以使用秒简 App。打开秒简 App，单击"输入文字或录音"按钮，如图 6-54 所示。然后，输入你想表达的内容或录音，如图 6-55 所示。最后，选择合适的模板，并单击"保存"按钮就可以了，如图 6-56 所示。

图 6-52

图 6-53

图 6-54

图 6-55

图 6-56

6.3.3 运用视频或图片素材

你如果不想自己拍视频,那么还可以从网上下载素材来作为视频画面,你只需要配文案就可以了。

下面推荐几个免费的优质素材网站。

(1)视频素材网站:Mixkit(如图 6-57 所示)。

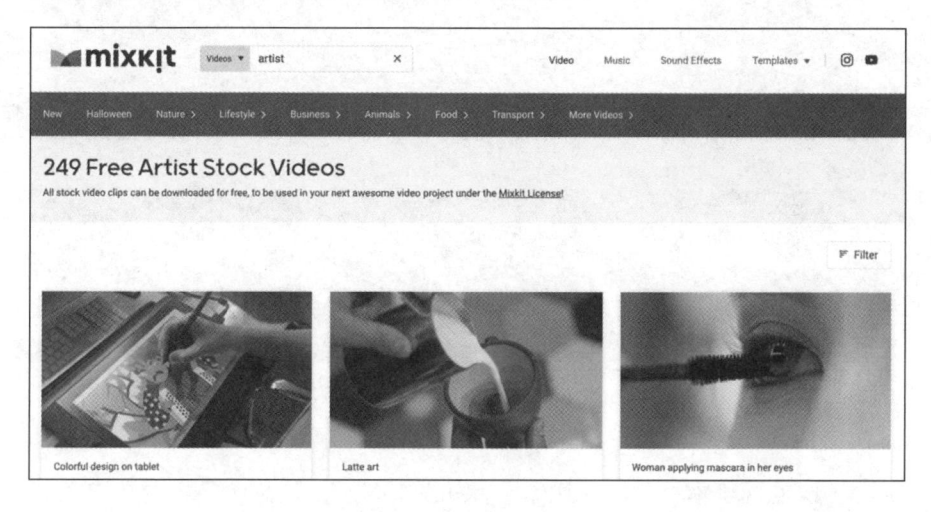

图 6-57

(2)图片素材网站:Unsplash(如图 6-58 所示)。

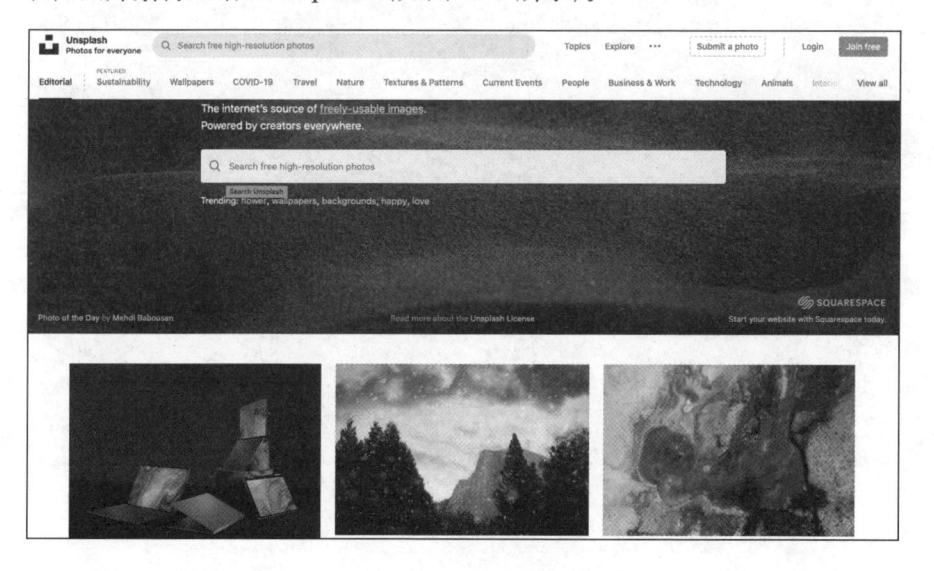

图 6-58

(3)视频素材网站：Mazwai（如图6-59所示）。

图6-59

(4)电影/电视剧素材网站：片库网（如图6-60所示）。

图6-60

（5）音乐、音效素材网站：爱给网（如图6-61所示）。

图 6-61

6.3.4 录屏

还有一种视频的展现形式是录屏。知识讲解类视频用这种方法就很合适。你可以录制你的PPT教程，也可以录制你的具体操作步骤。

iPhone手机和华为手机都是自带录屏功能的，你可以在控制中心单击录屏（即屏幕录制）的按钮，进行录屏。iPhone手机和华为手机的录屏按钮分别如图6-62和图6-63所示。对于其他品牌的手机来说，如果你在控制中心找不到录屏按钮，那么可以在网上用搜索引擎查找一下。

苹果电脑也自带录屏功能，用快捷键Ctrl+Shift+5就可以录屏。

对于Windows系统来说，你可以下载录屏软件录制，比如EV录屏。

图 6-62　　　　　　　　　　　　　图 6-63

实战练习 29

把在第 4 章写完的脚本用视频展现出来，把 1/5 的内容用真人出镜展现，把 1/5 的内容用文字动画展现，把 1/5 的内容用手绘视频展现，把 1/5 的内容用从免费素材网站找到的合适的素材来展现，把剩余的 1/5 的内容用视频模板或录屏展现，最后将五段素材通过剪映 App 合成一条完整的视频。通过制作这条视频，你可以尝试使用多种内容展现形式，并在以后拍摄、制作视频时灵活应用。

运营篇

第 7 章 可复制的增长路径

7.1 视频号如何冷启动

7.1.1 推广对于视频号格外重要

1.1.3 节介绍了视频号的推荐机制——以社交链传播为核心，辅以算法智能推荐。

当有人点赞你的视频后，你的视频就可以从两个方面获取流量。

（1）在点赞者点赞后，你的视频就会出现在他的微信好友的视频号信息流里（这点与其他短视频平台都不一样）。

（2）点赞（或其他互动）的人多，就说明你的视频受欢迎，它就有可能被系统推荐给更多的人。

也就是说，如果你在发布视频后，努力推广，把视频转发到朋友圈、社群等，那么你的视频号就既可以获得私域流量又可以获得很多公域流量（如图 7-1 所示）。

在抖音上，即使你找好友关注和点赞，但这个数量也很少，而在视频号上一个人点赞，系统就会把视频推荐给点赞者的微信好友。这就意味着，在抖音上你主要在内容方面努力，而在微信视频号上，你不仅要在内容方面努力，还要在运营推广方面努力。

你要想获得更多的流量，就需要很多人点赞。当然，你需要高质量的点赞才能让你的视频获得更多的系统推荐，如果你只刷量（即不看视频就点赞），那么除了数据上好看，没有任何好处。所以，你要找到更多愿意认真看完你的视频且愿意点赞的人。

> 1. 如何让微信朋友找到你的视频号？
>
> 微信朋友无法在你的微信中看到你的视频号，你可以主动分享视频或名片给他们。
>
> 2. 哪些人有机会看到你的视频号？
>
> 如果你拍的视频或照片很棒，有人（包括你自己）点赞，系统就会推荐给他们的微信朋友，任何看到的人都可以关注你的视频号。
>
> 3. 发表的视频如何进入热门推荐？
>
> 建议在发表的时候打上#话题#、配上音乐、设置地理位置信息，让你的视频更具有吸引力。当视频有很多人点赞时，该视频可能进入热门推荐。

图 7-1

你要对对方持续有价值，对方才会持续为你的视频点赞。这个持续的价值一方面是内容上的，你要找到你的受众群体聚集的地方，用内容吸引他们。另一方面，你还可以找到一些和你一样在做视频号运营的人，和他们互相点赞。

7.1.2 内容吸引

下面介绍三种可以让你通过内容获得点赞的推广方法。

1. 真爱聚拢法

真爱聚拢法是指利用好你现有的私域流量。

（1）朋友圈。在你的微信好友里肯定有一些和你正在做的事相关的人或者不管你发布什么他们都愿意支持你的人。

（2）微信群。每个人都因为主动或被动的原因加入了很多微信群。这时你要发挥它们的作用。你不要不好意思在社群里发布视频，也不要厚着脸皮随便发布视频。你分享到微信群里的视频，一定要附上一段非常真诚的文字，告诉别人你为什么要分享到这里，这样才不会被误认为是群发的广告之类的垃圾信息。

（3）如果你有公众号或其他自媒体，那么也一定要利用起来为视频号引流。你要在文章中清楚地介绍你的视频号能带来什么额外的价值，要告诉你的粉丝为什么他们已经关注了你的公众号还要再关注你的视频号。

2. 定位筛选法

（1）你加入更多和你的视频号定位相关的微信群，就可以触及更多的目标受众。

有一个视频号的定位是分享职场经验，受众是职场小白，号主不知道他的目标受众会聚集在哪里，来咨询我。我建议他加入一些校园招聘群、实习群，这些群里的人都是即将进入职场或者初入职场的"小白"。找到微信群的方法是，在微信里搜索关键词，你就会搜索到一些相关群的介绍文章及加入方法。

（2）做和你的视频号主题相关的线上分享。你可以把你的课的价格设置得低一点，比如9.9元，如果有人推荐两位朋友购买你的课，你就给他免费，这样你的课程就会裂变开，而且吸引的都是目标受众。在讲课的同时，你可以把一些内容放在视频号上，让大家去关注、观看，视频号的推广就很容易了。当然，在初期你的影响力可能有限，所以报名听课的人比较少，但是如果你能够坚持每周分享一次，听课的人就会越来越多。

3. 多平台吸引法

你可以在知乎、百度知道等平台回答与你的视频号定位相关的问题，并且往你的视频号引流。

比如，你是一个技术博主，在某技术论坛上回答了一个问题，就可以在答案后面写上"我的视频号×××上有实操视频"。当然，有些平台是不允许用这种形式引流的，你可以把你在这个平台上的名字改成和视频号同名，并且在简介里注明全平台同名。

在某个平台上用心地回答了一个问题后，你就可以去其他平台搜索类似的问题，都用这个答案回答一遍。这样，一篇内容就可以获得 N 个平台的曝光。

由于这是一种间接引流的方式，见效往往很慢，不过好在半衰期长，只要问题不失效，你的答案就会一直存在，可以一直为视频号引流。

7.1.3 抱团取暖

找到目标受众，用内容吸引他们点赞，这当然是最佳的方法。但是这种方法需要长期积累，很难速成。在视频号冷启动阶段，你还可以和其他视频号创作者抱团取暖。那要怎么找到一批愿意和你互相点赞的视频号创作者呢？

1. 利用好私域流量

首先，你要用好自己的私域流量，最简单的方法如下：在朋友圈发布一个微信群的二维码，这个微信群就是你建立的视频号创作者群，可以吸引相关的人加入。

如果你有公众号等其他自媒体账号，那么都可以用起来。我就在公众号文章中插入了对视频号群的宣传内容（如图 7-2 所示），也把文章链接放在了我的每条视频的下面，这样逐步建立起了 500 人的互赞群（互赞是指互相点赞）。

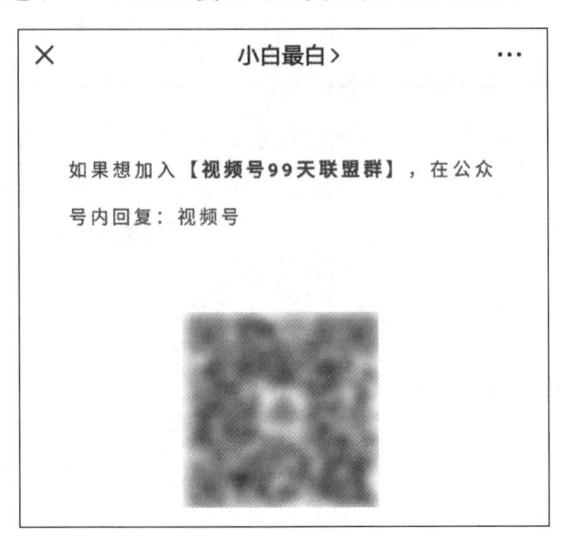

图 7-2

2. 用资料/话术吸引

在我讲完第一个方法后，有人可能说要去一些微信群里一个一个地添加好友来积累私域流量。首先，用这种方法很累；其次，你添加为好友的人不一定对视频号感兴趣，这样做的效率很低；最后，微信号在一天内不能添加很多好友，如果你一直添加好友，微信就会把你的账号当成异常账号处理。

那该怎么办呢？多添加一些微信群是应该的，你可以在群里发一张截图——视频号相关的资料（如图 7-3 所示），然后说"我有×××资料，这些是好不容易收集到的，有需要的小伙伴可以给我发私信，我发给你。"

这样你就不用费力添加别人为好友，而且添加你为好友的人都是对视频号感兴趣的，你给他们发资料，他们会很感激你。

3. 加入视频号互赞群

这是最便捷的方法，你可以加入别人已经组织好的与视频号相关的群，群里的人都是对视频号感兴趣或正在运营视频号的人，接下来你和群里的人建立良好的"点赞之交"就可以了，图 7-4 是我的社群截图。

图 7-3　　　　　　　　　　　　图 7-4

那么要怎么找到这种群呢？你可以在微信里搜索"视频号群"，会搜索到很多相关的帖子（如图 7-5 所示）。你要做的就是筛选和加入视频号群。在加入群后，你可以添加群里活跃的人为好友，这些人一般都会有一些优质的视频号群，你可以请他拉你入群，当然你最好也有合适的群能拉别人进去。这样，你很快就可以积累到 10 多个优质的视频号互赞群。

图 7-5

通过上述三个方法，你就可以找到愿意和你互赞的视频号创作者，你的视频号冷启动就不愁了。不过要注意，在互赞时，你一定要在视频完播后点赞，刚打开视频就点赞然后关闭视频，对视频获得系统推荐没有任何帮助，甚至可能有反作用。所以，在抱团取暖时，你要认真筛选互赞的人或社群。

另外，还需要注意的是，互相关注（简称互关）的价值不大。点赞至少可以把你的视频推荐给更多的人，即使点赞者不是你的目标受众，但他的好友里也可能存在你的目标受众。而如果对方不是你的目标受众，只是为了互关，那么你得到的好处无非就是粉丝数加1，而且到了后期，你的内容对他没有价值，他就会取消关注。所以，除非你的目的是凑够粉丝数去申请视频号认证，否则花太多的精力去互关是没有太大意义的。

7.1.4 资源互换

你可以和其他人进行资源互换，让他帮你推广你的视频号，同时你也可以用你的资源帮他推广。

比如，你们置换的是朋友圈资源，那么你就可以帮对方在朋友圈推广他的产品、文章、课程海报、视频号等他需要推广的内容，从而置换对方在他的朋友圈去推广你的视频号。

在朋友圈推广的可以是一段文案+视频号二维码（如图7-6所示），或者一段文案+一条视频。

当然，如果和你进行资源互换的人也要推广视频号，那么你们还可以通过视频号文字区的@功能来推荐对方（如图7-7所示），也可在视频简介中@想要推荐的视频号（如图7-8所示）。

在冷启动阶段，这种方法确实能让你实现从0到1的初始粉丝积累。比如，"小贵同学在美国"就通过这种方法积累了近1000个粉丝。

第 7 章　可复制的增长路径　201

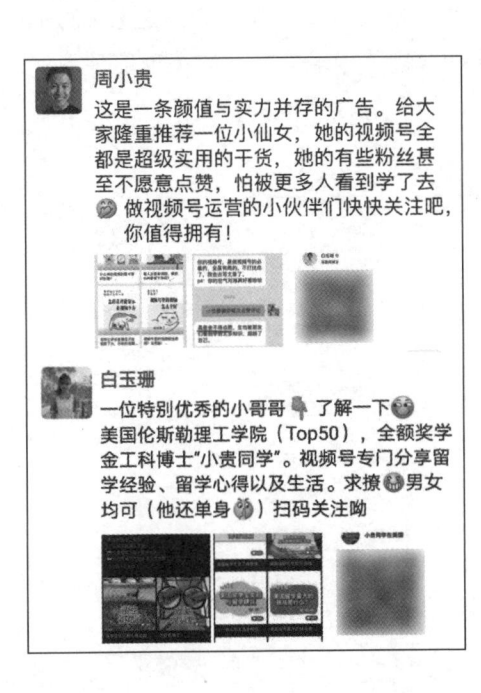

图 7-6

图 7-7

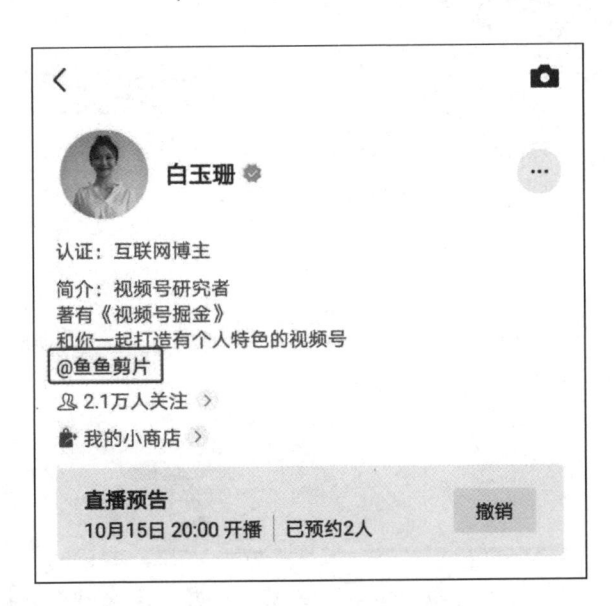

图 7-8

7.1.5 付费推广

视频号有官方推广的小程序——视频号推广（如图 7-9 所示），花 200 元就可以获得 10 000 次曝光，支持智能匹配人群。你也可以自定义定向人群，自定义的范围包括年龄、性别、地域。比如，你的视频号受众都是年轻女性，你在推广时就可以设定年龄和性别。这种方式比较简单粗暴，适用于有强烈推广需求且有一定资金的视频号创作者。

图 7-9

最后，本节讲到的方法只能帮你冷启动，你要想让自己的视频号变得很有影响力，还是要靠优质的内容，千万不要主次颠倒。

实战练习 30

从本节的三个视频号冷启动方法中，至少选择两个去尝试，并填写下面的表格。

	具体方法 （如定位筛选法）	操作描述 （如加入10个相关领域的微信群并推广）	成果描述 （如获得100个粉丝）
内容吸引			
抱团取暖			
资源互换			

7.2 视频号的持续运营

7.2.1 铁杆粉丝的意义

在视频号冷启动后，你就要持续扩大影响力，而扩大影响力离不开铁杆粉丝的支持。如果你能获得一批铁杆粉丝，他们会看你发布的每条视频，会点赞、评论、转发，会把视频推荐给身边的朋友，那么你的视频号的影响力就会像滚雪球一样，越滚越大。

你可能听说过凯文·凯利的1000个铁杆粉丝理论，大意是说：为了谋生（而不是赚一大笔财富），你不需要数百万个粉丝，只需要1000个铁杆粉丝。

当然，凯文·凯利强调的1000只是一个虚数而已，他只是想告诉你，你只需要比你想象中少得多的铁杆粉丝，就能很好地生存。

铁杆粉丝被定义为愿意购买你的产品的粉丝。他会加入你建的付费社群，会买你写的书，会到现场听你的线下演讲等。如果你想拥有这样一批铁杆粉丝，就要借助社群。你需要通过社群把对你的内容感兴趣的人聚集在一起，并不断地和他们互动，给他们提供价值，把他们一步一步地转化为你的铁杆粉丝。如果你想做到这一点，那么从社群的搭建到社群的管理，每一步都要用心。

7.2.2 从0开始搭建社群

如何搭建自己的社群呢？我是按以下方法做的。

1. 设计路径、招募粉丝

在每次发布视频的时候，我都会在视频的下方附加公众号文章的链接，而在公众号文章中也会介绍我的社群——一个视频号创作者抱团取暖的地方。

入群方式是，粉丝在公众号内回复关键词（如图7-10所示），然后会收到我的微信二维码，在添加我为微信好友后，我会拉他入群。

这个入群路径一方面让粉丝关注了我的公众号，另一方面粉丝添加我为微信好友，也就成了我的私域流量，我可以随时影响到这批视频号创作者。我把粉丝沉淀在了我的社群里，可以形成更大的势能。

2. 设置群规、明确使命

你组织一个社群的目的不是闲聊，而是要和粉丝一起"改变些什么""提高些什么""获得些什么"，而这些是和你的视频号定位相关联的。

我建这个社群的目的就是帮助视频号创作者们冷启动。所以，每个人都可以在社群里分享自己的视频，让其他人来观看并点赞，但必须发一定金额的红包。有门槛意味着质量高，这是对社群的价值保障。要是没有一点门槛，这个社群距离死亡就不远了。

大家都觉得我的这个社群很有价值（如图7-11所示）。是这个社群里有了不起的大人物，还是有重磅的内部消息？都没有。我只是明确了这个社群的核心作用，哪怕这个作用很单一，但它是按照我的粉丝们的痛点设计的，就很实用。同时，我也在不断地优化规则，让大家能够获得最大的价值。

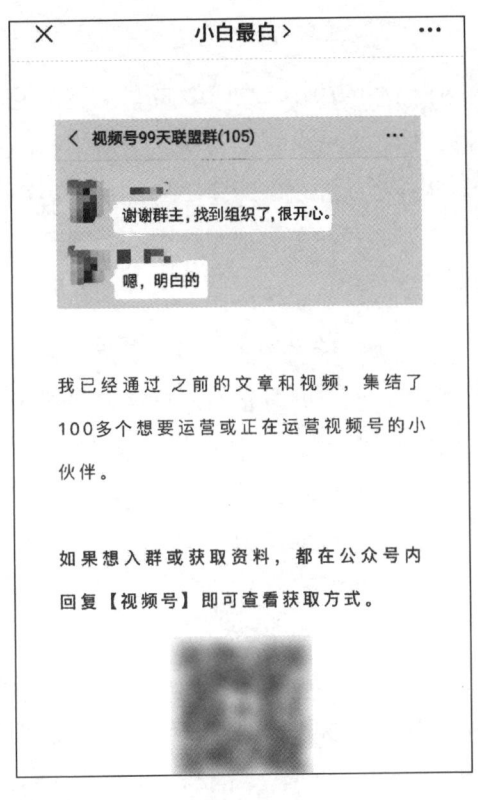

图 7-10

图 7-11

3. 体现价值，吸引加入

在社群运营过程中，你要不断地对外体现社群的价值，吸引更多的人加入。怎么体现呢？你可以在公开场景中提及你的社群成员，并且展示出你们之间的良好交互。

假设你是做培训的老师，建立了一个付费培训群，你就要对外（比如，发朋友圈）展示你的社群成员多么优秀，或者他在加入培训群前是什么样的，在加入培训群后是什么样的，又或者你们之间的一些日常的社群活动是如何开展的。这会让大家有代入感，想到自己在加入后应该也会得到这些，这远比你单纯地说你的社群能提供什么价值更有用。

4. 严格管理、驱逐"劣币"

每个社群里都会有一些不遵守群规的人。在他们的眼中，加入群的目的就是发广告。对于这种人，你必须马上把他们移出群。你的忽视和纵容可能会让越来越多的人肆无忌惮。而那些认可社群群规的人会逐渐感觉到社群的质量下降，从而对社群反感，主动选择退群。这会导致劣币驱逐良币，你的社群就成了广告群。因此，你对待"劣币"下手要狠。

群成员在一二百人的时候，我在群管理方面花费的精力较多，因为即使不存在那种只发广告的人，大家也可能因为加入了很多群，而一时忘记我们群的群规是什么，就会犯错。这时，我要去一遍遍地提醒。在一段时间后，绝大部分人都会严格遵守群里的要求，即使有少部分人不小心发错了内容，也会有其他群成员去提醒他。所以，基本上到后期，我只需要每天看一眼社群，而不需要再用太多的精力管理，群里都秩序井然。

5. 获取价值、转化粉丝

前几步都是在提供价值，但提供价值的最终目的是获取价值。我在每次发布视频后做的第一件事，就是把视频发到社群里，让大家观看、点赞。这就是在获取价值。

你给粉丝们提供了有价值的社群，他们在社群里得到了自己需要的东西，自然就会更加信赖你，就会最终成为你的铁杆粉丝。

在我的这个社群里，当然不可能 500 个人都是我的铁杆粉丝，目前可能只有 1/10 的人会看我发布的每条视频，为我的视频点赞、评论、购买我的产品。这是一个慢慢地影响和转化的过程。如果你真的拥有了 500 个铁杆粉丝，那么你的每条视频的点赞量不就至少是 500 次了？所以，你一定要按照我讲的方法，用心运营你的社群，慢慢地积累铁杆粉丝。

实战练习 31

根据本节学习到的内容，思考自己该怎么做社群运营。在做社群运营前填写表格的前三项，在运营社群的过程中，填写表格的后四项。

我设计的招募粉丝的路径	
我的社群能提供给群友的价值	
我制定的群规	
我是如何对外展现我的社群价值的	
我是如何管理社群的，效果如何	
我是如何从社群中获取价值的	
在运营社群 1 个月后，我认为哪些人成了我的铁杆粉丝	

7.3 视频的发布技巧

7.3.1 发布时间

在几点发布视频的效果更好？其实运营所有自媒体账号都是相通的，那就是在大部分人玩手机的时候发布内容的效果最好。

早上通勤的时间：7:00—9:00。

中午休息的时间：12:00—14:00。

晚上通勤的时间：18:00—20:00。

躺在被窝里玩手机的时间（当然，也可能是很多人通勤的时间）：20:00—22:00。

那么哪个时间最好呢？我们可以分析一下。

首先，在早上通勤的时间，很多人都在地铁里，这个时候刷视频号的体验并不好，大多数人都在看新闻、电子书或者下载好的电视剧。在晚上的通勤时间也是这样的。其次，在中午休息的时间，很多人都和同事一起吃饭，即使玩手机，看视频的概率也不大。其实在晚上睡觉前玩手机时刷视频号的概率是最大的。当然，你的视频是可以提前发布出来的，比如在 19 点发布。然后，你可以通过互赞、发朋友圈等方法，先传播一轮，等到 20 点、21 点很多人打开视频号的时候，就会看到他的好友点赞过的你发布的视频。

当然，这是理论上的，在现实中还有很多干扰因素，如果你实在纠结在什么时间发布视频，那么我帮你做决定，在 19 点发布吧。

7.3.2 发布频次

在新号上线后，为了提高账号的影响力，我建议你每天发布 3 条左右的视频(建议分节奏发布，如每 3 小时发布 1 条)。注意，第一天发布的视频至关重要。据我观察，视频号会给前几条中的某一条流量扶持，大概率是第一条视频。

我建议第一条视频采用真人出镜的方式，内容要简单、真诚，你可以说一说做视频号运营的初衷和你的视频号能给观众提供的价值。你不要在刚开始随便发布一些搬运来的视频，那就白白浪费了机会。

在发布了 5 天左右，你的视频号里有一些作品了，你就不用再按这个频次发布了。那接下来多久更新一次比较好呢？当然最好是日更。如果你觉得日更无法保证内容质量，就不要强行日更。但是你一定要定期更新，也就是说，要规定好是两天更新一次还是三天更新一次。如果你没有制定严格的规定，按照自己的心情更新，那么惰性会让你更新的频次越来越低，直到最后放弃。

7.3.3 填写发布信息

1. 添加话题

话题有两个作用。一个作用是你的视频号里的所有内容都可以通过话题进行整合和分类。比如，我建立一个话题#白玉珊聊视频号#（如图7-12所示），观众在单击这个话题后，就会看到所有在发布时添加这个话题的视频（如图7-13所示）。我以后可能还会聊别的内容，到时候就会添加其他的话题。假如你只对我讲的关于视频号的内容感兴趣，就只需要单击这个话题逐个看视频。

图 7-12

图 7-13

话题的另一个作用是增加流量。对于一些热门话题来说，如果你添加了这个话题，那么观众在查找相关话题的时候，你的视频也会展示出来。对于追热点的内容，在发布视频时添加相应的话题会有很好的引流作用。

另外，在朋友圈发布消息、与微信好友聊天、在微信群里聊天时，你都可以直接发布话题（格式：#话题名称）。观众在单击话题后展示在最上面的就是带有该话题的视频。所以，你可以通过在微信的各个渠道发布话题的方法给视频引流。

2. 通过@功能为其他账号带流量

7.1.4节提到了可以@其他视频号互相推广（简称互推），你可以通过和别的创作者合作来达到共赢。当然，如果你有视频号矩阵，那么也可以通过这种方式互相引流。

3. 自定义位置名称

你在发布视频的时候最好标记位置，这样同城的人就可能看到。标记位置还有一个小技巧，就是可以自定义位置名称。这就相当于你多了一个推广位，因为你可以把位置名称设置成品牌名来进行品牌推广或者设置成引导关注和点赞的话术。

操作步骤：先单击位置，然后单击右上角的搜索按钮，在搜索框中填写自己想要展示的信息，单击"没有找到你的位置？"按钮，创建位置（如图 7-14 所示），展示效果如图 7-15 所示。

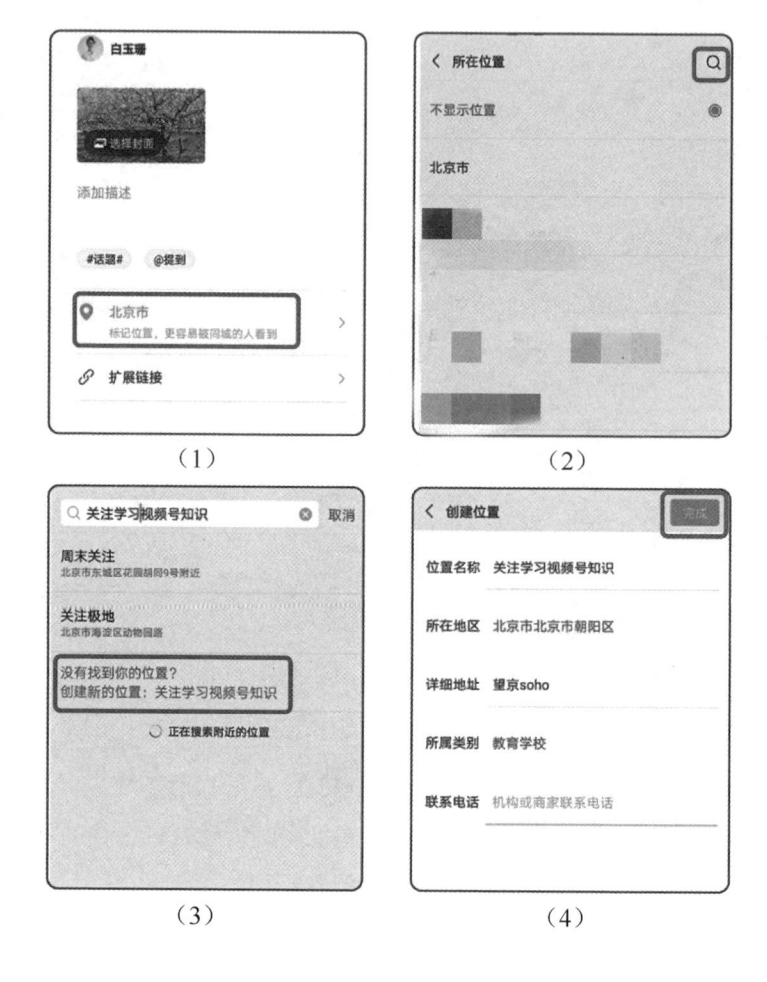

图 7-14

自定义位置名称并不会影响同城推荐。因为在创建位置的时候，你要写具体的地址，视频被推荐时也是根据这个位置来推荐给附近的人的，但展示出来的是你自定义的那个位置名称。所以，添加这样的位置名称，既能获得平台基于位置的推荐，又多了一个文字推广位，一举两得。

但要注意的是，自定义的内容不能过于浮夸，不能有敏感词，否则被投诉就得不偿失了。

图 7-15

4. 添加扩展链接

建议在视频下方一定要添加扩展链接进行流量转化。文章内容最好和视频相关，你可以简单地介绍自己，并放上微信号的二维码，让观众添加你为微信好友，从而把公域流量转化成私域流量。

实战练习 32

根据本节内容确定你的视频号发布的相关事宜，并填写下面的表格。

发布时间	
发布频次	
添加的话题	
自定义的位置名称	

7.4 如何让你的视频全屏展示

7.4.1 画面配合文字来"霸屏"

与抖音不同,视频号是沉浸式的,因此观众在看你的视频的时候,下面的视频总会露出来不停地吸引他,很可能他就这么被吸引走了(如图7-16所示)。

图 7-16

那有办法全屏展示吗？当然有。

之前我讲过，在视频号上能发布的视频的最大画面宽高比是 3∶3.5。你首先要让你的视频满足这个比例要求，在 6.2.2 节讲了如何制作这个画面宽高比的视频。这样虽然视频占据了很大的版面，但还是无法全屏展示（如图 7-17 所示）。

图 7-17

所以，如果你不满足于此，那么还可以用文字来占版面。文字最多展示三行，如果超过三行，超过的部分就会被折叠起来。有人问我要写多少字才会超过三行，其实不一定要写多少字，你只要换行超过三行就可以了，比如你可以每行就写一个小短句甚至只写一个字（如图 7-18 所示）。

除了文字，在发布视频的时候，你还可以添加所在位置和公众号文章的扩展链接（如图 7-19 所示），它们可以各占一行。

除此之外，在视频的下方还可以添加评论。评论最多占三行，所以你可以把字数多一点的评论展示出来（如何展示评论在 7.4.2 节会讲到）。

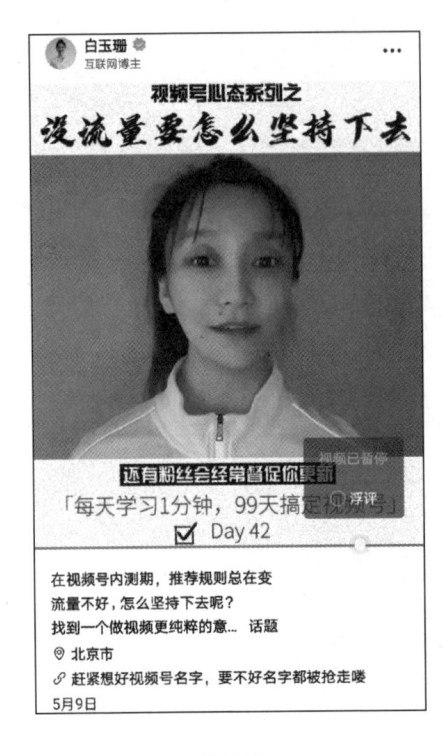

图 7-18

图 7-19

综上所述，你最多可以在视频的下方展示 8 行内容，再加上 3∶3.5 画面宽高比的视频，妥妥地"霸屏"。

当然，不同型号的手机展示的效果是不一样的。比如，对于 iPhone 11 Pro 来说，用画面宽高比为 3∶3.5 的视频再加上 6 行内容就基本上满屏了；对于荣耀 20 来说，用 7 行内容基本就满屏了。你没有必要使用太多的内容，因为除了"霸屏"，你也要考虑观众点赞和写评论的体验，如果他的手机屏幕小，内容占了 8 行，他就要往下翻页才能点赞。所以，我建议你把内容控制在 6 行左右，即使占不满屏，下面最多只会露出其他视频号的头像，不会有太多的内容展示。

7.4.2 评论的排序和展示规则

你可能看到过很多视频的下方会展示一条精彩的评论（如图 7-20 所示），它会起到吸引观众观看视频并引导观众评论的效果。有了这条评论，你就不再是自卖自夸了，这条评论会为你的视频加分。

我不知道你有没有和我一样的经历，就是有一些评论夸到了你的心坎里，你特别想让它公之于众，但是当你点赞后却发现评论还是按时间排序的，并不像抖音一样，被作者点赞过的评论就会排到前面。怎样让精彩的评论排在前面，甚至直接展示在视频的下方呢？你需要了解视频号评论的排序和展示规则是怎样的。

视频号里的评论遵循时间+点赞量的排序规则。

首先，按照时间排序，最近的评论排在最前面（如图 7-21 所示）。

图 7-20

图 7-21

其次，当某条评论被点赞 3 次或 3 次以上（作者有没有点赞过都无所谓）时，这条评论就会排到前面。

点赞量达到 3 次的评论都排在了前面，那么它们之间按照什么规则排序呢？先按照点赞量排序，点赞量多的排在前面；点赞量一样多的，按时间排序，时间最近的排在最前面（如图 7-22 所示）。

图 7-22

最后，点赞量达到 3 次且排在第一位的评论会直接展示在视频的下方。展示出来的评论会随时按照评论的排序规则进行调整。在一般情况下，点赞也是有聚集效应的，点赞量最先达到 3 次的评论如果不是人为干预的，基本上就会一直排在最前面，不太可能被后来者超越。

简单来说，点赞量达到 3 次的评论就可以排在前面，而点赞量最先达到 3 次的评论就可能会一直展示在视频的下方。

如果你是视频号创作者，那么可以用这个方法在一定程度上掌控哪些评论排在前面以及让哪条评论展示出来。怎么掌控？你可以找两个人为你的视频点赞。如果评论选择得好，就会给视频增彩。如果你不太满意的评论获得了很多次点赞，那么你可以选择删除评论，让它为你喜欢的评论让路。

如果你是评论者，那么知道了这个方法有什么用呢？你可以想想，你只要让你的评论的点赞量最先达到 3 次就可以让它展示出来，而且很可能一直展示出来，这就意味着这条视频有多少播放量，你的评论就有多少曝光量，对你自己也是一种宣传。

如果你有视频号，在评论里你的名字就会是蓝色的，观众可以直接单击你的名字进入你的视频号主页，你可以用评论为自己的视频号引流。所以，你可以多在一些大号的视频下方留言，但是内容要精彩。你要尽量在第一时间留言并想办法获得更多点赞量。需要注意的是，在评论里不可以有营销信息，不然被投诉是有可能被禁言的，这得不偿失。

实战练习 33

你可以试着发布一条视频，并根据视频下方展示 6 行内容的原则，让你的视频"霸屏"。在下面的表格中填写计划用哪几项，每项占几行。

文字	所在位置	扩展链接	评论

7.5 如何提高点赞率

视频的点赞率=点赞量/播放量，为什么要专门讲它呢？我们都知道视频号不展示播放量，只展示点赞量（和评论量）。所以，你要先想办法提高点赞率，这样即使播放量少一些，但点赞量和别人的视频一样，在观众看来，你们的视频是一样受欢迎的。

从目前公开的一些数据来看，获得系统推荐的视频的平均点赞率是1%左右，也就是说1万个人看了视频，大概会有100个人点赞。怎么提高点赞率呢？

7.5.1 从内容方面优化

从我自己的经验和一些"大V"曝光的视频数据来看，知识类视频的点赞率整体上要高一些。下面先来看一下我刚开始发布的两条视频的数据，讲视频号知识的视频的点赞率为3.4%（如图7-23所示），讲美食的视频的点赞率不到1%（如图7-24所示），在那时我还没有建视频号群，也没有加入其他的视频号互赞群，所以除了我自己发了朋友圈，主要就靠系统推荐，这是纯自然数据。

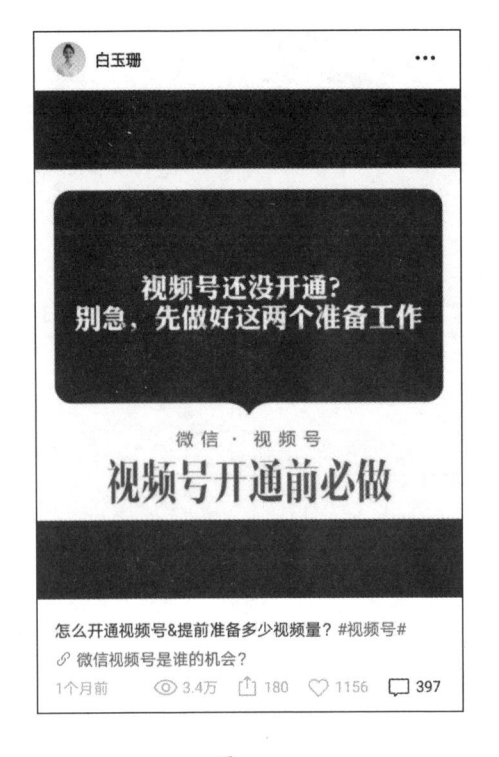

图 7-23　　　　　　　图 7-24

但同时需要注意的是，既然是讲知识的视频，如果讲某个特定领域的知识，就决定了它的受众会少，也就是说从整体来看，系统的推荐量相对来说会少。比如，你的视频的内容是教大家怎么写文言文（受众少），系统只推荐给了 1000 个人，点赞率即使高达 10%，视频也只被点赞 100 次，但如果你的视频讲的是带大家去吃古代美食（受众广），系统可能会把它推荐给 10 万个人，即使点赞率只有 1%，视频也被点赞 1000 次。所以，你要尽量避免讲的知识受众太少。

7.5.2 在结尾用话术引导

并不是只要你说"请点赞"观众就会点赞的，你要让观众知道点赞的价值。比如，通过点赞来互动。在《如何塑造外形特色》这条视频的最后，我说："我是做了 3 年《亮三点》节目，分享了 33 天视频号知识，有 3 颗痣的白玉珊。如果我让你成功记住了，那么请双击（点赞）示意一下"，如图 7-25 所示。

除了点赞示意，你还可以引导观众点赞以防止其找不到视频。比如，视频号在上线个人认证功能后，我在《视频号个人认证来啦》这条视频中介绍了如何申请认证，并在结尾说："我的申请情况会在这条视频的评论区和大家反馈，记得点赞或关注，不要找不到喽"，如图 7-26 所示。

图 7-25

图 7-26

7.5.3 在视频中巧妙地提示

你也可以不用单独拿出一段内容来让观众点赞,而在视频画面中通过文字或其他元素提示观众点赞。

当然,和上一个方法一样,你的提示要让观众知道在点赞后能有什么好处。你也可以用形式上的创新来引导观众点赞。比如,刘兴亮老师在视频中说:"双击我的脑门有惊喜",这让点赞变得更有趣,如图 7-27 所示。

图 7-27

7.5.4 用好私域流量

我之前说的点赞率平均为 1% 主要是指自然数据,如果你能充分利用私域流量,结果就会大相径庭。比如,你发布了视频,然后在互赞群里请大家给你的视频点赞,如果有 100 个人打开视频,播放量就是 100 次,如果有 80 个人给你的视频点赞,点赞率就高达 80%。你可以对比一下我的那条美食的视频,自然流量有 1.1 万个人,但点赞量只有 80 多次,在不知情(看不到播放量)的观众眼里,我们的视频的热度是一样的。

这个方法能让你的视频的数据看上去好看,但如果你想让你的视频号真正有热度,那么还要在内容上多下功夫。

实战练习 34

思考如何对自己的视频内容和推广进行优化,并填写下面的表格。

我的内容方向	
我用来引导点赞的话术	
我在视频中设置的提示	
私域流量的效果	

7.6 如何提高评论率

能吸引观众去写评论的视频,可以从三个方面获得更多流量。

(1)评论很多,说明视频的内容受欢迎,视频会获得更多的系统推荐。

(2)观众在看视频的时候去写评论,这时视频依然处于播放的状态,当观众写好评论时视频可能播完两遍了，这会间接地增加视频的完播率，完播率高也会获得更多的系统推荐。

（3）有些人看到这条视频有很多评论，就会好奇地点开评论区去看别人都评论了什么，在看的过程中，视频也播完了。

如何吸引观众写评论呢？我在讲写脚本的时候，提到了在视频结尾用提问法可以提高评论率，不过这属于常规操作，你需要根据每期不同的内容提出不同的问题，只有对这期视频内容感兴趣的人才会去写评论。

本节会介绍一些引导评论的万能套路，适用于所有视频、所有观众。

7.6.1 引爆评论区套路之打出表情包

有一条视频的文案是：如果你们公司倒闭了，那么你的表情包里的第四个表情就是你当时的心情，你的表情是什么？

这条视频获得了 6.4 万条评论，顺便被点赞 8000 次（如图 7-28 所示）。

图 7-28

这条视频没有什么实质的内容，只是引导评论的，虽然效果很好，但不建议你这样做，这很可能会引起那些因为你的优质内容而关注你的视频号的粉丝反感。

还有一种方式是在视频中穿插使用引导互动的话。比如，有一条视频的内容是介绍生活小技巧，在视频中把引导互动的套路伪装成了其中一个技巧：技巧二，打出你的表情包里的第一个表情，这就是你明天的心情，如图 7-29 所示。

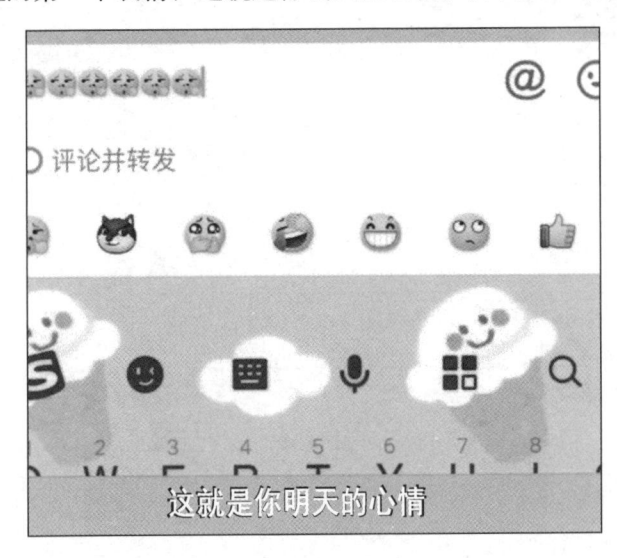

图 7-29

这种方式是可以借鉴的，只要在视频中加得不太突兀就可以。话术可结合自己的内容做调整。比如，如果你的视频号是做职场类内容的，话术就可以是"打出你的表情包里的第三个表情，这是你的老板明天对你的态度。"如果你的视频号是做美食类内容的，话术就可以是"打出你的表情包里的第一个表情，这是你在学会做这道菜后的心情。"

类似的互动方式真的屡试不爽，即使我明明知道它是套路，在看到的时候，也会好奇地看一下自己打出的表情是什么。

7.6.2 引爆评论区套路之打出文字

打出文字的套路大概可以分三类：初级版、中级版、高级版。

1. 初级版：打×××，出来的一定是×××

比如，有个账号的定位是分享与易烊千玺相关的内容，他就在自己的视频文字描述部分写"赌一包辣条，你们在手机里打'yyqx'，出来的一定是'易烊千玺'"，这条视频获得了近万条评论（如图 7-30 所示）。

图 7-30

你也可以借鉴这种方式，根据自己的视频号定位来做调整。比如，我在文字描述部分就可以写"用手机拼音输入法打'sph'，出来的一定是'视频号'"。

2. 中级版：能打出×××，一定×××

有一条视频的文案是"打'nbnbylkw'，能打出'能不能不要离开我'这八个字的人，一定爱惨他了吧"（如图 7-31 所示）。这条视频获得了 2.5 万条评论（如图 7-32 所示）。

其实视频创作者就是把"能不能不要离开我"这句话每个字的拼音首字母列出来，然后给这句话赋予一个含义，勾起观众的好奇心，让观众看看自己是不是那个"爱惨"对方的人。

这种方法运用起来也比较简单。

（1）想一句和你的视频主题相关且能引起共鸣的话，不要用那种很少有人会用的比较深奥或太过诗意的句子。比如，在情人节发的视频可以用"想我了吗"。

第 7 章 可复制的增长路径

图 7-31

图 7-32

（2）把这句话每个字的拼音首字母列出来，就是"xwlm"。你可以先试着用拼音输入法打一下，如果能打出来多种答案就可以（如图 7-33 所示）。如果只能打出一种答案或者根本打不出来你的标准答案，那么用这句话就不太适合。比如，对于"你还爱我吗"这句话，用拼音输入法只打每个字的拼音首字母就打不出来，如图 7-34 所示。

图 7-33

图 7-34

(3)给这句话赋予一个含义。比如,能打出"想我了吗"这四个字的人,一定是在交往中主动的那一方吧。

3. 高级版:小测试

有一条视频的文案是"用你的手机打'BB',如果打出的是'拜拜',那么你一定是一个很高冷的人,如果打出的是'宝宝',那么你肯定是一个暖男……"

这条视频获得了 1.8 万条评论,顺便被点赞 2000 多次,如图 7-35 所示。

图 7-35

我们都知道,常用的词会被输入法"记住",并在我们打出相关词组的时候出现在第一个。这个引导评论的套路就运用了输入法的这个特性,并且小测试的形式也会引发好奇。

具体要怎么做呢?其实我们把中级版的例子"想我了吗"稍微改一下,就能变成小测试的形式。

根据打出来的答案——"写完了吗"和"想我了吗"来设计话术:打"xwlm"

就能看出你是更重事业还是更重感情。

在评论里最先有人打出"写完了吗",你就可以在下面回复"你更重事业";最先有人打出"想我了吗",你就可以回复"你更重感情"。在有了这两条评论的引导后,观众就明白了。

7.6.3　引爆评论区套路之交个朋友

有一条视频的文案是"据说跟你同年同月同日生的人只有 0.064%,不如生日一样的交个朋友"(如图 7-36 所示)。这条视频获得了 1.9 万条评论,如图 7-37 所示。

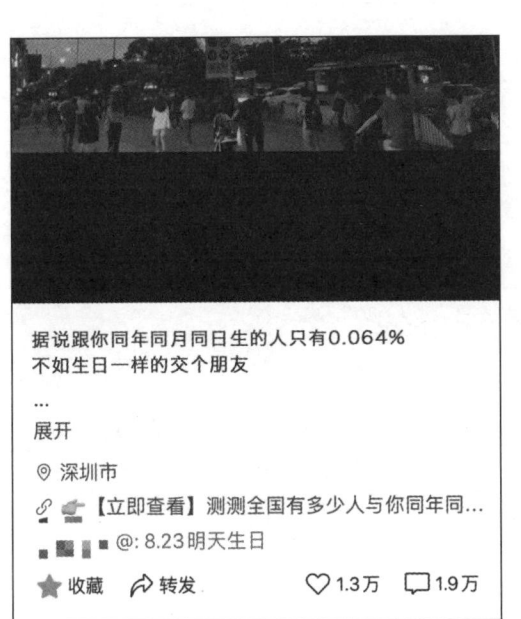

图 7-36　　　　　　　　　图 7-37

视频号本来就是生长在社交关系上的,在这样一个平台上,你鼓励观众交朋友,确实是很妙的方法。当然,你也要激发观众的好奇,在看到这个文案后观众可能会想"只有 0.064% 的概率,谁会和我的生日一样呢?"他就会在评论区寻找同伴。

怎么借鉴这种方法呢?首先,在你过生日的时候或者在你的视频聊到相关话题的时候，你就可以用这种话术。

如果内容不相关，那么你不要生搬硬套，可以根据自己的主题来设计。比如，美食类账号的话术就可以这样设计"据说在 100 个人中只有 3 个人真正喜欢吃榴梿，你是那 3%中的一个吗？交个朋友吧。"

其实你完全可以自己编这个概率，毕竟是"据说"，只要不太离谱就好。当然，有准确的数据是最好的。

实战练习 35

根据本节的方法，想出一个适合自己视频号定位的引爆评论区话术。

我用的套路类别	
结合我的视频号定位后的话术	
展现的方式 （放在文字描述部分或放在画面上）	

7.7 如何更快涨粉

你要想让更多人关注你的视频号，那么首先内容一定要过关。其次，你也可以通过一些运营上的小技巧来实现，宗旨就是要让观众知道能从你的视频号中得到什么样的持续价值。

7.7.1 在视频画面中添加Slogan

我的视频画面全程都会展示一句话"每天学习 1 分钟，99 天搞定视频号"，如图 7-38 所示。这句话就可以让观众知道关注我的视频号能得到什么。这句 Slogan 不是我随便写的一句话，而是运用了在 4.8.2 节中讲到的写标题的方法——列数字，带给观众一种速成的感觉。你也可以采用这种方法，在视频画面中合适的位置添加一句恰到好处的 Slogan。

图 7-38

7.7.2 在视频结尾处添加引导关注的话术

比如，我可以在视频结尾说："要想学习更多视频号干货，记得关注我的视频号，不要走丢喽。"注意：在说这句话的时候，你要用一个箭头引导观众单击你的头像进入主页，如图 7-39 所示。

图 7-39

这是单独拿出一段视频来引导关注，比起上一个方法的纯文字更能引起观众注意。但缺点是，观众要看到结尾才能看到这句话，而且在结尾处你只能做一件事——引导关注，也就没办法利用结尾与观众进行其他互动。

7.7.3 在文字描述部分引导关注

你也可以用视频下方的文字描述引导观众关注。同样，这段文字要让观众知道在关注你的视频号后有什么好处。好处可以是持续获得价值，比如之前提到的 Slogan 让观众知道能从你的视频号里长期获得什么。好处也可以是下一条视频的内容预告，也就是观众在关注后很快就能获得什么。

比如，我在《视频号黄 V 门槛降低了》这条视频中就采用了这种方法（如图 7-40 所示）。我在这条视频的最后，用 6.3.1 节讲到的方法做了一段手绘视频（具体视频参见视频案例 7-1），然后在视频下方的文字描述部分写："这条视频结尾的手绘视频是怎么做的？超级简单，点关注，在下一条视频中告诉你。"

通过这条视频，我获得了 6000 多个粉丝，也就是增加的关注人数是点赞人数的两倍左右。从图 7-41 中可以看到在同一时间段增加的关注人数和点赞人数的对比。

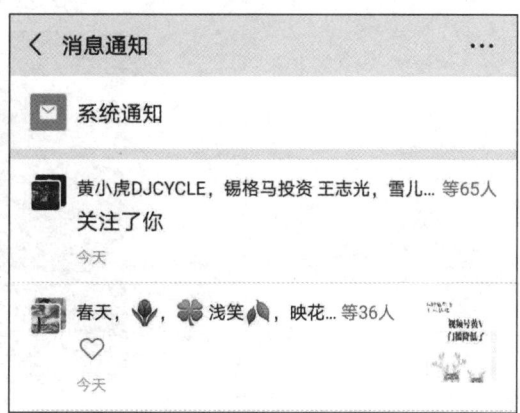

图 7-40

图 7-41

这条视频能有这样的涨粉效果有以下几个原因，你可以借鉴一下做类似的设计。

（1）预告足够吸引人。一个看起来很难做的手绘视频，我居然说做起来超级简单，而且在下一条视频中就讲解。观众关注我的视频号就可以学会一个重要技能，不亏。

（2）间接提高了视频的推荐量。因为我把手绘视频放在最后，所以看到文字描述部分的人也会好奇最后是什么手绘视频，从而提高了视频的完播率，获得了平台更多的推荐。播放量是其他互动数据的基础，只有让更多的人看到你的视频，你的视频号才可能获得更多的关注。

（3）视频内容本身就比较优质。如果这条视频的内容不够好，那么预告下一条视频会特别好，观众也不会相信。我的这条视频的主题本身就是视频号创作者们很关心的，而且视频制作得很用心，所以观众对未来的内容有预期，再加上上述两个原因，一条视频获得6000多个人关注，就在情理之中了。

在文字描述部分，你还可以用@功能方便观众关注你的视频号。

在7.1.4节讲过，你可以通过@功能和其他视频号创作者互推，其实也可以@自己的视频号。你可以写一句引导语+@自己的视频号，这样观众就可以直接从文字描述部分进入你的视频号主页，非常方便（如图7-42所示）。

图 7-42

7.7.4 在评论区互关

你可以通过互关的方式增加粉丝。你可以在视频中说："欢迎大家关注我的视频号，关注后在评论区留言，我也会关注你的视频号。"之所以需要留言，是因为有视频号的人在留言后头像是蓝色的，你可以单击他的头像直接关注他的视频号。这样，你的这条视频不仅会让你的视频号增加很多粉丝，还会收到很多评论。

当然，你也可以把互关的方式设置得有趣一点，比如，"在本条视频评论区留言的小伙伴请互相关注，关注后在你关注的人的留言下回复已关，提醒他互关。不能接受这种玩法的小伙伴谨慎留言哦。"这种方式就不仅仅是你和粉丝之间的互动了，还让他们之间也互动了起来。

实战练习 36

思考一下，你在自己的视频号中应该如何引导观众关注，并填写下面的表格。

我在视频中加入的 Slogan	
我在视频结尾处的引导关注话术	
我在文字描述部分引导关注的内容	
我采用的在评论区互关的话术	

7.8 视频号和公众号的组合打法

从第 1 章开始,我就在强调视频号和公众号的组合打法,视频号+公众号可以碰撞出非常多的火花。比如,你可以用短视频吸引观众,再用公众号文章进行销售转化;你可以用公众号和视频号互相引流与涨粉;你还可以用你的视频号和"大 V"的公众号合作。

7.8.1 视频号和公众号如何配合变现

1. 通过公众号的付费文章变现

首先,你写一篇付费文章,然后在视频中提及这篇文章的部分知识点或者对所有知识点进行概括,这相当于用视频来做导读或概述。最后,你在视频中提示观众要想看完整版的内容,可以单击视频下方的文章链接。

2. 通过带货/服务变现

如果你是卖产品的,那么不管是卖实物产品、虚拟产品,还是卖服务类产品,你都可以通过视频号来展示产品最独特、最吸引人的特点,然后在视频中提示观众单击文章链接购买产品,最好可以给观众福利。你可以把福利设置为前多少名免费或者有很大的优惠幅度或者当天购买就会赠送××,可以根据产品属性设置福利。

7.8.2 用视频号为公众号引流

怎样让观众在看了视频后,再单击公众号文章的链接呢?这里有两个引流的方法。

1. 在视频中表明公众号的价值

你可以通过口播或文字说明视频的内容来源于公众号,并用手势、箭头等方式引导观众单击文章链接去看更多相关的内容。

你也可以通过口播或文字说明在文章中能提供的额外价值。比如,你可以在视频中讲解在视频号冷启动时互赞的重要性,提示单击文章链接可以查看加入互赞群的方法。再比如,你可以在视频中介绍一些需要关注公众号才能领取的资料。

我在《用手机做出画面宽高比为 3∶3.5 的视频》这条视频中,告诉观众轻松地做出视频号最大画面宽高比视频的方法，不过在制作过程中需要一张宽高比为 3∶3.5 的图，既然要让观众"轻松地"做出这样的视频，就要把能帮观众做的都做了，所以我就做好了宽高比为 3∶3.5 的图，并把这张图放在了我的公众号里。我在视频中引导观众单击文章链接，在关注我的公众号后，回复关键词领取这张图片。这样就很自然地引导观众关注了我的公众号，而且他们会觉得我很贴心，提供了非常有价值的东西。

2. 将位置名称自定义为引导话术

在 7.3.3 节中讲过在发布视频时位置名称是可以自定义的，这相当于多了一个广告位。

如果你在发布视频的时候带公众号文章，那么自定义的位置名称最好就是引导观众单击文章链接。因为"位置"距离"扩展链接"是最近的，引导效果会更好。引导话术如图 7-43 所示。

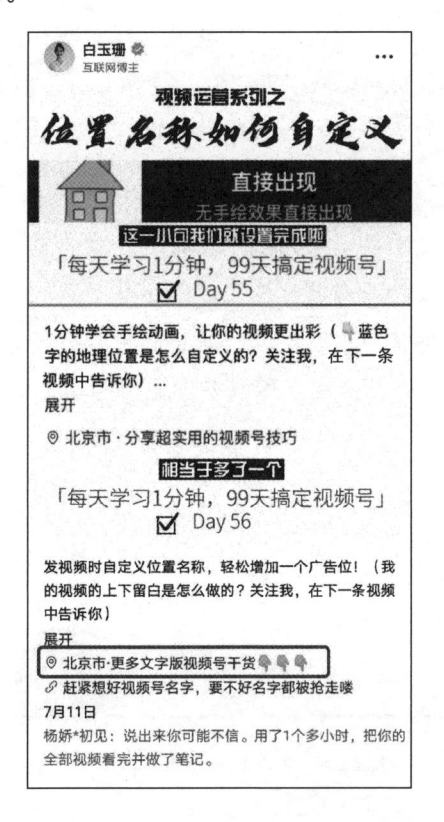

图 7-43

7.8.3 用公众号为视频号引流

1. 自己有公众号

如果你本来就在做公众号运营，就可以在公众号文章中推广自己的视频号，把公众号的粉丝导流到视频号上。当然，你要在公众号文章中说明你的视频号有哪些额外的价值。如果视频号的视频是对公众号内容的提炼或者对部分内容的复述，那么对于你的公众号粉丝来说，就没有太大的吸引力了。

只有受众和公众号相同、在内容上和公众号互补的视频号，才会让粉丝更愿意关注。比如，你的公众号文章是科技资讯类内容，视频号的视频就可以是科技产品开箱测试等内容。

2. 和公众号"大V"合作互推

如果你的视频号做得有点起色了，你就可以找一些和你的视频号数据差不多的公众号合作互推。他在他的公众号中推广你的视频号：一段文案+视频号二维码；你在你的视频号中推广他的公众号：用视频简单地介绍他的公众号并在视频下方带上他的一篇文章。

要做成文章平均有几千甚至上万次阅读量的公众号是不容易的，而视频号因为有公域流量，所以做起来相对容易。你可能做了几个月的视频号运营就有条件和人家做了几年的公众号互推了，也就是说，对于同样的曝光量来说，公众号和视频号的含金量是不一样的。所以，这种合作对于视频号创作者来说是比较划算的。

你可以多找一些和你的视频号定位差不多的公众号，在公众号中找到负责商务合作的人员的联系方式，然后试着和他们谈一谈，可能会碰壁，但努力一定会有回报，等谈成几个合作后你再用这些合作案例去找别人谈就会很容易。

实战练习 37

思考你适合用什么方法玩转视频号+公众号的组合打法，先填写表格的第二列，并在操作后填写表格的第三列。

目标	我计划采用的方法	效果
视频号和公众号配合变现		
用视频号为公众号引流		
用公众号为视频号引流		

7.9 运营数据分析

在发布、推广视频后工作并没有结束，你还要复盘。怎么复盘呢？你要分析视频的各项数据，从中发现自己的视频有哪些地方做得好，有哪些地方需要改进。只有不断地复盘、不断地优化，视频号运营才会越来越好。

通过视频号助手的数据中心，你可以看到关注者和视频的各项数据及其变化趋势，要对基础数据及关联指标进行分析。怎么分析呢？

7.9.1 基础数据

1. 播放量

从播放量可以看出你的视频是否受欢迎。比如，你的视频平时的播放量为 2000

次左右，突然有一条视频的播放量是 2 万多次，这条视频就是你的"爆款"。

你要思考为什么这条视频会受欢迎。当然，偶尔一次播放量高很难总结出原因，但如果你把几条"爆款"放在一起去看，就能总结出共同点。比如，这几条视频都很短，或者这几条视频的内容都更生活化、更真实等。在总结出共同点后，你可以在之后的视频中多运用这一点。

当然，还有一种情况的数据会非常好，就是一个视频号刚开始发布的视频。我在之前提过，视频号会给新账号的某条视频（通常是发布的第一条视频）流量扶持。所以，很多人发布的第一条视频的数据都不错，但之后他们会发现流量越来越少，有些人就误以为自己的视频号被限流了。其实后来稳定下来的数据，才是你的视频的真实数据。所以，你千万不要用获得流量扶持的那条视频作为参考标准，否则你的心理落差会非常大。

2. 互动量

互动量包括点赞量、评论量、收藏量、转发量，你可以观察和记录这些数据，但需要提醒你的是，如果你不参考播放量，只看互动量，那么意义不大。比如，一条视频的播放量是 2 万多次，评论量是 200 多条，另一条视频的播放量是 2000 多次，评论量也是 200 多条，你觉得哪条视频更能引发互动？

如果你只看评论量，那么这两条视频似乎是一样的。但如果你同时考虑播放量这个因素呢？很明显，第二条视频更容易引发互动，有十个人看就有一个人会写评论。这条视频只是因为一些其他的因素没能成为"爆款"，但引发互动的能力很强。有了这样的发现你就要思考两个问题——为什么这条视频更容易引发观众互动？这条视频为什么在互动量这么多的情况下没上热门呢？

7.9.2 关联指标

关联指标包括评论率、转发率、收藏率、涨粉率、点赞率。正如 7.9.1 节所讲，只看互动量意义不大，要同时考虑播放量，所以上述这些关联指标就能反映出每条视频的真实互动情况。

1. 评论率 ＝ 评论量/播放量×100%

视频的评论率高，说明它能勾起大家的表达欲，这时你就要去分析为什么。是不是在视频中用了引导观众评论的话术？是不是视频本身有"槽点"，引发了观众吐槽？是不是这条视频和观众产生了强烈的共鸣？

2. 转发率 ＝ 转发量/播放量×100%

视频的转发率高，说明它具有社交货币的属性，也就是更具备谈资。你之所以转发内容，不管是文章还是视频，往往是因为觉得它正好说中了你的想法，而你自己表达得又不好，所以你会让它替你发声。或者你想成为某类人，你在朋友圈、社群发布这样的内容来塑造自己的形象。当然，也可能你觉得内容非常有价值，所以想把它分享给更多的人，让大家也去学习。

3. 收藏率 ＝ 收藏量/播放量×100%

视频的收藏率高，说明它对观众很有用，观众愿意反复观看。但如果收藏率高，转发量、点赞量都很少，那么可能是因为涉及隐私问题了。比如，在最初的视频号版本中，视频只展示有多少个朋友点赞，而不展示是谁点赞的，那时候视频号上颜值类的视频/照片的点赞量就很高。但是在视频号版本升级后，在点赞列表里开始展示哪些微信好友点赞了，大家点赞就很慎重了。这时，大家更愿意默默地关注、收藏，而不是点赞、转发。

当然，还有一种可能，你的视频能有效地帮助个人提升能力，而且非常稀缺，大家可能会因为"自私"而不想分享，也就是不去点赞和转发。图7-44是我的粉丝发给我的消息，可能反映了一小部分人的心态。

4. 涨粉率 ＝ 涨粉量/播放量×100%

虽然数据中心没有提供很精准的单条视频涨粉多少的数据，但是你可以通过视频发布后一段时间内粉丝的增加量来大致判断这条视频让你的粉丝增加了多少。

不过，"爆款"涨粉的时间会很持久，可能在这个"爆款"之后你又发布了好几条视频，"爆款"还在为你的视频号涨粉。怎么判断是哪条视频让你的粉丝增加了呢？

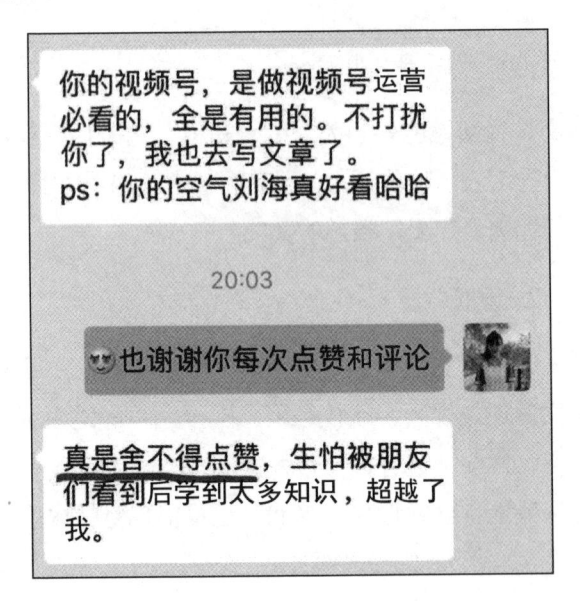

图 7-44

一方面，你可以看播放量的变化情况，比如今天增加了 100 个粉丝，而最近发布的几条视频的播放量没怎么变化，反而几天前发布的"爆款"的播放量又增加了，那么很明显就是通过这条视频增加的粉丝。

另一方面，你也可以看点赞量。在视频号的消息通知中会展示哪些人关注了你，还会展示在同一时间段哪些人点赞了哪条视频。你只要看点赞聚集在哪条视频，就可以判断同期增加的粉丝是由哪条视频带来的。

你每天观察、统计一遍数据，就能大致得出每条视频让你增加了多少粉丝。

涨粉率高的视频说明什么呢？与收藏率高相同的是，视频的涨粉率高说明你的这条视频很有价值。不同点在于，涨粉率高还说明你的这条视频清晰地展示了你的视频号定位，观众如果对这类内容感兴趣，就会期待看到更多类似的视频，所以会选择关注。

当然，如果一条视频的涨粉率很高，而转发量和点赞率很低，那么可能是因为内容涉及隐私。

如果一条视频的涨粉率很低，你就要反思这条视频是不是与你的视频号定位不相关。

视频号和抖音等平台不一样，观众不能在某条视频页面直接关注你的视频号，而要单击头像进入主页才能关注你的视频号。如果你的视频号定位是分享专业的技术知识，而你突然发布了一条搞笑的视频，虽然有很多人看，播放量增加很快，但是你会发现粉丝数没有太大变化。这是怎么回事呢？

搞笑类视频的受众多，所以出现"爆款"的概率大。但就算视频成了"爆款"，观众在进入你的视频号主页时，看到的都是与自己不相关的专业知识，为什么要关注你的视频号呢？即使他们因为喜欢这条搞笑视频而关注了你的视频号，但从长远来看，不精准的受众对你的视频号真的有价值吗？

5. 点赞率=点赞量/播放量×100%

之所以最后说这个数据，是因为从视频号的点赞率中你很难分析它能说明什么问题。观众点赞的原因可能有以下几种。

（1）用作收藏：因为在其他短视频平台上，没有单独的收藏功能，所以观众如果看到有价值的视频就会点赞，这样这些视频就会在点赞过的列表里，观众就可以反复看，不会找不到它。所以，很多观众会沿用在其他平台上收藏视频的做法，在视频号上通过点赞把喜欢的视频"存"起来。

（2）用作分享：观众在视频号上点赞某条视频后，被点赞的视频就会出现在他的微信好友的视频号信息流里，相当于把这条视频分享给了他的微信好友，这类似于其他平台的转发功能。

（3）表达自己喜欢这条视频：观众通过点赞来表示对内容的支持、对视频号创作者的鼓励等。

所以，点赞率既是单个数据，也是综合数据，建议你在分析之前的那些数据后，把点赞率当成一个辅助说明的数据。

比如，一条视频的收藏率和点赞率都很高，而其他数据一般，就说明这条视频是值得反复观看的，也就是这里的点赞更多的是用作收藏。再比如，一条视频的转发率和点赞率都很高，而其他数据一般，就说明观众很想把这条视频分享给别人看。

实战练习 38

你可以通过对每条视频进行数据分析来复盘，总结出什么样的视频的数据会更好，从而不断地优化自己的内容。你要选择自己的一条视频来填写下面的表格。

播放量			
点赞量		点赞率	
评论量		评论率	
转发量		转发率	
收藏量		收藏率	
涨粉量		涨粉率	
分析：比较高或比较低的数据是什么？原因是什么			

7.10 避免违规

违规操作可能会被封号，以下是一些常见的违规行为。

1. 引流

你不要在名字、简介、头像、视频中给其他平台引流，这样很可能被判定为违规操作（如图 7-45 所示）。也许有些人这样做了没有受到处罚，但我建议你不要有侥幸心理。不过，在视频中引导观众单击视频下方的公众号文章链接是不违规的。

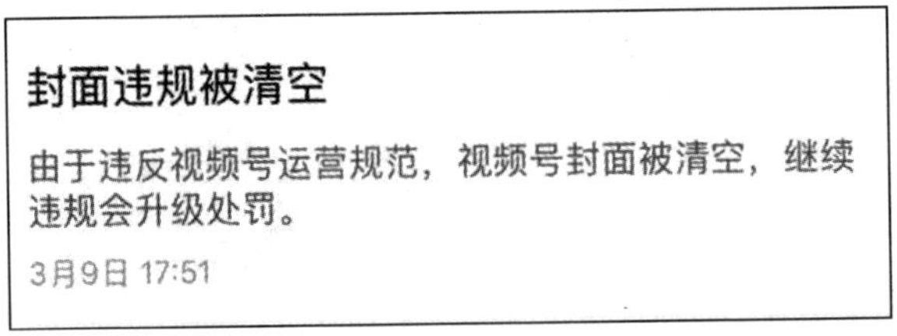

封面违规被清空

由于违反视频号运营规范，视频号封面被清空，继续违规会升级处罚。

3月9日 17:51

图 7-45

2. 刷粉和刷量

你不要用这种小聪明。你觉得对于在短期内大量用户打开视频,不看视频就点赞(刷量)或关注(刷粉)的异常行为,视频号会检测不到吗?这样的行为就算不会导致你的视频号被封,也会让你的视频号被限流。

3. 骚扰他人

骚扰他人是指批量发送骚扰信息或者垃圾信息。比如,在别人的视频评论区留下微信号或电话号码,或者对产品做宣传等。你的视频号如果被投诉有这些行为,就会被禁言几天。另外,你的视频号如果有过于频繁的点赞或评论行为,也会被禁言。视频号被禁言的截图如图 7-46 所示。

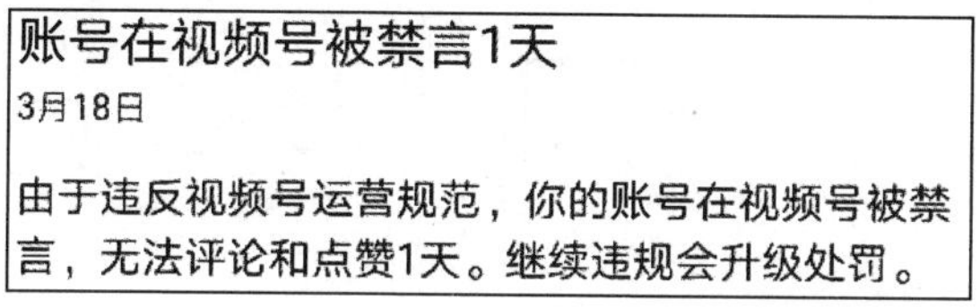

> 账号在视频号被禁言1天
> 3月18日
> 由于违反视频号运营规范,你的账号在视频号被禁言,无法评论和点赞1天。继续违规会升级处罚。

图 7-46

4. 侵犯他人的知识产权

在视频号上连放微信公众号的二维码都不可以,你觉得它会允许"搬运"行为存在吗?当然不会。

另外,在视频中直接用其他品牌的商标(比如,你在讲到抖音的时候,在视频画面中有抖音的图标),也涉及侵权,视频号也会被限流,如图 7-47 所示。

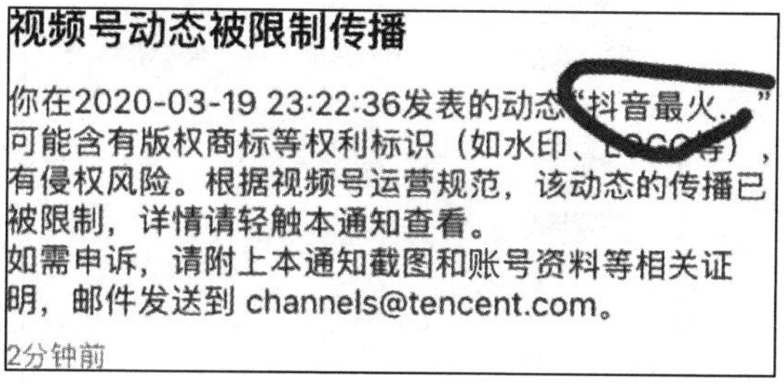

> 视频号动态被限制传播
> 你在2020-03-19 23:22:36发表的动态"抖音最火..."可能含有版权商标等权利标识(如水印、LOGO等),有侵权风险。根据视频号运营规范,该动态的传播已被限制,详情请轻触本通知查看。
> 如需申诉,请附上本通知截图和账号资料等相关证明,邮件发送到 channels@tencent.com。
> 2分钟前

图 7-47

5. 发布不实消息

微信一向对发布不实消息的行为(哪怕你只是转发别人发布的消息)管得非常

严格。我有个朋友因为在朋友圈转发了不实消息，微信号就被封了。同样，在微信生态中，在视频号上你肯定也要遵守一样的规则。所以，你要保证不造谣、不传谣，吸引观众的方式有很多，你不要用最危险的那一种。

以上为五大雷区，请谨记，以免出现类似的问题。另外，我建议你看一下官方的《微信视频号运营规范》，那里的内容更全面。查看路径如图7-48～图7-50所示。

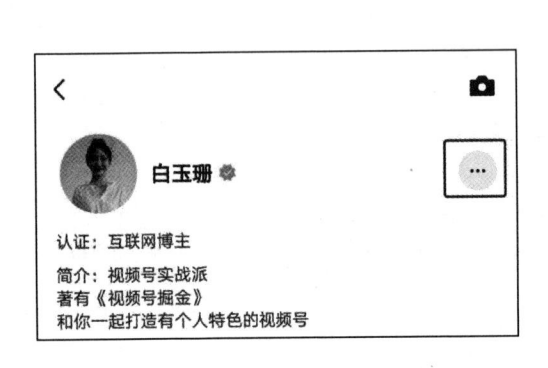

图 7-48

图 7-49

图 7-50

第 8 章
变现路径这么多，总有一条适合你

如何变现是很多人关心的问题，也是大部分人运营视频号的目的。

不同的视频号对应着不同的变现方式。在第 2 章中我把变现分为两大类——信任感变现和流量变现。如果你运营视频号的主要目的是打造信任感，那么你可以运用知识付费、带货等方式变现；如果你的视频号流量做起来了，就可以通过广告、佣金变现。

8.1 知识付费变现

8.1.1 如何通过知识付费变现

如果你的视频号在塑造人设，内容是讲垂直领域的知识，那么通过知识付费变现是最佳的渠道。

因为视频号可以带微信公众号链接，所以你完全可以在微信公众号中写好知识付费产品，它可以是课程类产品的推广软文，也可以是一篇付费的公众号文章，你可以把它附在每条视频的下方，每次发布视频都是一次推广，如图 8-1 所示。

既然你的目的是通过知识付费变现，那么你的视频讲的应该也是知识类的内容，而且足够吸引人，这样才能够往公众号引流。所以，你的视频应该做到以下三点。

1. 简单易懂

这不用多说，如果你的视频的内容很晦涩，那么大概没有人会耐心地看完，而会立刻滑走，这就意味着你的引流无效。

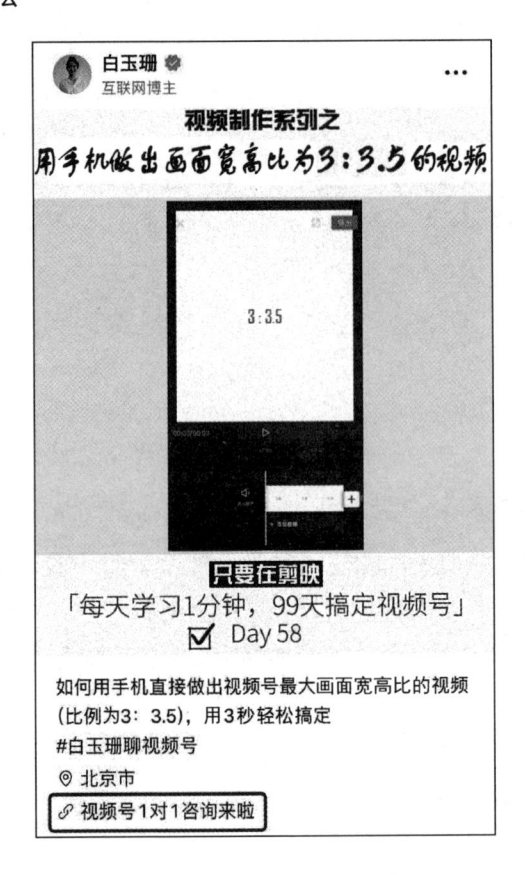

图 8-1

2. 形象生动

与图文相比,视频的优势之一就是动态展示。以前你可能通过很多文字+图片来表达一个操作步骤,但是现在你只需几秒钟的演示就可以了。所以,如果你用视频讲知识,只是单纯地把文字对着镜头说出来,那么真的不如让观众看文字。你要运用好视频的动态特性,让知识更形象、更生动地展示在观众面前。

3. 留出悬念

如果你引流的目的性特别强,那么一定要在视频最后留一个能引发观众好奇的问题,并提示在视频下方的公众号文章的链接中能找到答案。

下面分享一下我是怎么通过知识付费变现的,你可以参考。

(1)开通知识星球。知识星球是一个知识付费工具(如图 8-2 所示)。你也可以使用小鹅通、荔枝微课、千聊、喜马拉雅等知识付费工具,这里就不详述了。

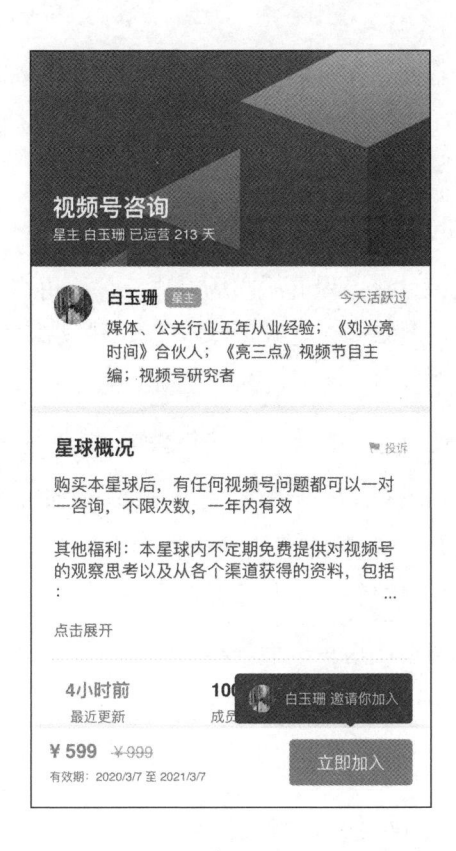

图 8-2

(2) 在我的公众号相关文章的文末，介绍我的知识星球并放上它的二维码。

(3) 在每条讲视频号知识的视频下方都会添加文章链接。

8.1.2 系列课程怎么设计

知识付费产品设计成像我这样 1 对 1 咨询的比较少，很多人把它做成了课程的形式。课程类知识付费产品要怎么设计呢？下面我手把手地教你如何从 0 开始打造一门属于自己的知识付费课程。

1. 找到自己的价值

每个人都有自己擅长的领域。在这个领域中你获得的那些或大或小的成就、你踩过的那些或大或小的坑，都会为领域外的人填平信息的沟壑，这就是你的价值。

你该怎么设计自己的知识付费课程呢？比如，你擅长和熟悉的领域是写作。但是，写作这个领域太大了。你也许教不了别人写"爆款"文章，因为你自己写的文章的平均阅读量也就几百次,你可能也教不了别人写故事剧本,因为你看着自己写的故事也会睡着。但假如你是混迹职场多年,凭借着优秀的写作能力升职加薪的人,你是不是能试着教教职场写作?

你的知识付费课程的主题就可以是职场写作。

但是,如果你的知识付费课程就叫职场写作,那么用户可能都不会感兴趣,因为这件事看起来不重要,大家一点也不会为自己不擅长职场写作而焦虑啊。

虽然现在不再是"冲动付费"的时代,而是"效果付费"的知识付费时代了,但用户也要看到课程有吸引力,才能去进一步了解它是不是有实际效果。

比如,你要只是说"我来教你做饭"。对方可能会觉得为什么要学做饭,平时都点外卖吃啊。但是如果你说"85%的人对会做饭的人更有好感",那么对方即使平时不自己下厨,也可能为了增加个人魅力而想学习厨艺。

因此,你的课程必须要让用户感觉到和自己有关。你要把职场写作上升到职场竞争力的层面,这才能和每个职场人息息相关。

2. 制定课程框架

课程要虚实结合,不仅要有干货,还要有趣,这样才能让别人一直有耐心地学下去。

首先,你要让用户认识到职场写作的重要性,从而进一步制造焦虑和紧迫感。(务虚的引子)

其次,你要告诉用户职场写作大概都有什么内容。(务实的开头)

再次,你要告诉用户每个部分的内容应该怎么写。(核心内容)

最后,你要通过案例告诉用户掌握职场写作的好处以及如何更好地应用职场写作。(务实的结尾)

3. 找到核心

这和4.7.1节讲到的视频主体要遵循"简单"的特点是一样的。你要把那些看起来散乱的知识点全部归纳到一条线上,也就是找到核心。

职场写作课的核心是什么呢?当然是怎么写。如果有一个万能公式,是不是就更容易学会了呢?整个课程都围绕这条线展开,用户的思路就会更加清晰。

4. 在场景中解决问题

不管购买什么课程，我们都希望能够解决具体的问题。所以除了方法论，你的课程还要涉及各种具体的场景。比如，怎么写工作总结、怎么写演讲稿、怎么写邀请函等。

5. 分享小窍门

小窍门会给人速成的感觉，大多数人都想走"捷径"。这也是体现你的能力和经验的地方，只有你这样经验丰富的人，才能总结出这些好用的办法。比如，我在我的视频号中就讲了很多小窍门：如何让视频全屏展示、不想背台词怎么办等。这些视频的数据都很好，原因是它们的实操性很强，观众看完后可以立刻使用。当然，小聪明要适可而止，你不能让一堂职场写作课变成小聪明集锦。

实战练习 39

根据本小节学习的内容填写下面的表格，简单地构思自己能做什么样的知识付费课程。

我能够提供的价值	
制定课程框架	
找到核心	
找到使用场景	
列举 3~5 个在课程中会提供的小窍门	

8.1.3 付费文章

除了通过视频下方链接的微信公众号文章来介绍并售卖知识付费产品，你还可以直接把微信公众号文章设置成付费文章，如图 8-3 所示。

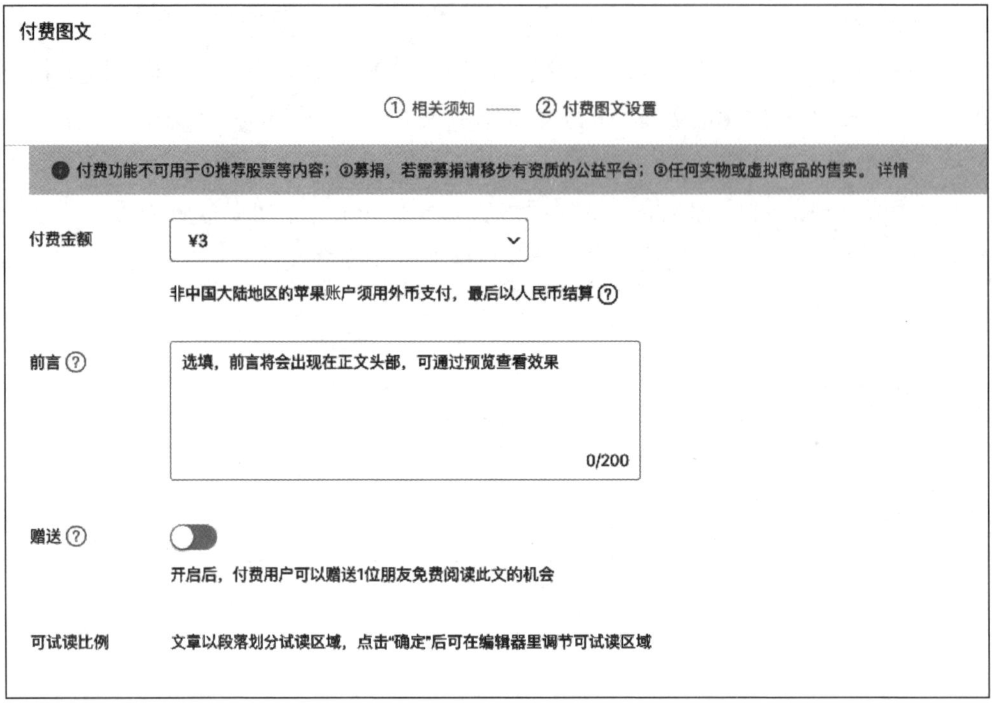

图 8-3

不过并不是每个公众号都可以设置付费文章。个人订阅号需要满足以下三个条件才能申请付费功能。

（1）已经注册超过三个月。

（2）近三个月无严重违规记录。

（3）发表过至少三篇原创文章。

因为未付费的用户只能阅读文章的试读部分，所以你一定要把试读部分设计得足够吸引人，才能让用户愿意付费。你可以参考 4.7.2 节介绍的方法来写试读部分的内容。对于价格的设置，目前最低可设置为 1 元，最高可设置为 208 元。我建议你选择 1~10 元这个价格区间，不要设置过高的门槛。

刘兴亮老师的一篇付费文章做成了"爆款",下面来分析一下。

价格:3元。门槛低。

标题:《如何抓住视频号提供的机会?我给9点建议》。

这是很多人的痛点,同时在标题中运用了数字,带给读者实用、速成的感觉,引发读者点击。

试读:如图8-4所示,在试读部分设计了导语,把这篇文章的所有亮点都展示出来,吸引读者付费。

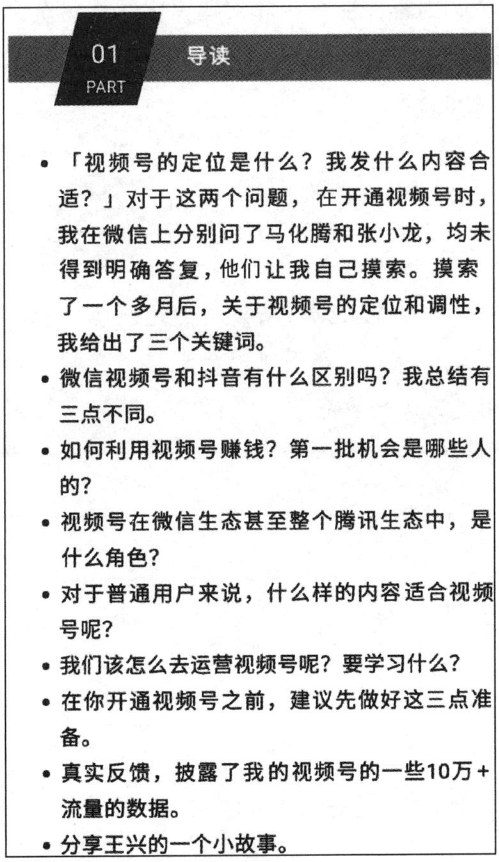

```
01  导读
PART
```

- 「视频号的定位是什么?我发什么内容合适?」对于这两个问题,在开通视频号时,我在微信上分别问了马化腾和张小龙,均未得到明确答复,他们让我自己摸索。摸索了一个多月后,关于视频号的定位和调性,我给出了三个关键词。
- 微信视频号和抖音有什么区别吗?我总结有三点不同。
- 如何利用视频号赚钱?第一批机会是哪些人的?
- 视频号在微信生态甚至整个腾讯生态中,是什么角色?
- 对于普通用户来说,什么样的内容适合视频号呢?
- 我们该怎么去运营视频号呢?要学习什么?
- 在你开通视频号之前,建议先做好这三点准备。
- 真实反馈,披露了我的视频号的一些10万+流量的数据。
- 分享王兴的一个小故事。

图 8-4

视频号给公众号引流的效果怎么样?

上述文章是2020年3月9日发布的,截止到2020年3月21日,一些汇总数据如图8-5所示。

付费人数/个	3000多
阅读量/次	30000多
付费率 （付费人数/阅读量）	11.7%
付费收入/元	10000多
赞赏人数/个	70多
赞赏收入/元	1000多
公众号粉丝增加数/个	4000多

图 8-5

如果你做垂直领域的内容，那么我非常建议你采用付费文章的方法变现。付费文章可以用多条视频来推广，也许某条视频就成了"爆款"，会给你的文章带来很多转化。

实战练习 40

不管你有没有公众号、你的公众号有没有开通付费功能，你都要根据本小节的内容试着去构思一篇付费文章，并填写下面的表格。在学完知识点后，你只有及时巩固才会记牢，之后用起来才会更顺手。

主题	
标题	
试读部分（即这篇文章的所有亮点）	

8.2 带货变现

在第 1 章中介绍过，相对于其他平台，视频号不仅有公域流量，还有私域流量，而且可以触及高收入群体。最重要的是，只要把短视频、公众号、直播、小商店运用得当，每个人就都能通过视频号带货来变现。

这个"货"既可以是商品，也可以是服务，既可以是实物商品和虚拟商品，也可以是线上服务和线下服务。比如，你既可以卖水果、卖书，也可以卖软件、卖会员服务；你既可以卖咨询服务、设计服务，也可以卖美发服务、旅游服务等。

8.2.1 视频号+公众号带货

具体路径：视频—公众号文章—小程序、商品购买链接、社群二维码、个人微信号。

（1）制作一分钟以内的视频展示商品的特色。

（2）在视频下方的扩展链接处添加公众号文章的链接，在文章中详细地介绍商品。

（3）在文章中添加小程序、购买商品的二维码、商品购买链接等，可以让用户直接购买或咨询，也可以在文章中添加直播的小程序码，引导用户看直播，然后在直播间带货，还可以在文章中添加你的个人微信号二维码或社群二维码，先把用户转化成私域流量，然后再变现。

案例一：

带货路径：视频—公众号文章—小程序。

带货商品：服务，具体来说是线下服务里的旅游服务。

米驴旅行通过视频带出自己的定制服务，用各地的美食和美景的视频来吸引观众，引导观众单击视频下方的文章链接，如图 8-6 所示。在文章链接中有详细的文字介绍，还有一个用于咨询的小程序（如图 8-7 所示），整个引流过程一气呵成。

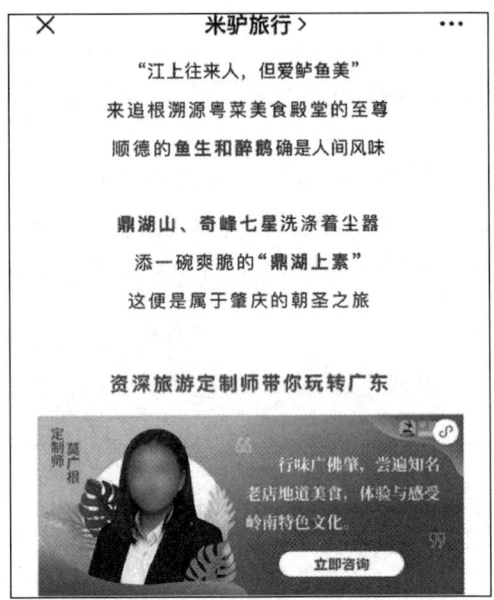

图 8-6

图 8-7

案例二：

带货路径：视频—公众号文章—商品购买链接。

带货商品：实物商品里的图书。

刘兴亮老师在他和秋叶老师合著的《点亮视频号：微信短视频一本通》一书出版后，通过视频号引流卖书，如图 8-8 所示。他在视频中介绍了这本书，然后引导用户单击视频下方的公众号文章链接，并在文章中加入了有赞小店的商品购买链接，如图 8-9 所示。

案例三：

带货路径：视频—公众号文章—个人微信号。

带货商品：服务，具体来说是线上服务里的设计服务。

有个设计师专门做视频号的个人 IP 形象设计，包括头像、简介、视频封面等整体形象包装。他通过视频来分享他的设计案例，优秀的案例很容易吸引有需求的用户，他也在视频下方添加了公众号文章的链接，如图 8-10 所示，在文章中引导用户添加他为微信好友，如图 8-11 所示。

第 8 章　变现路径这么多，总有一条适合你　255

图 8-8

图 8-9

图 8-10

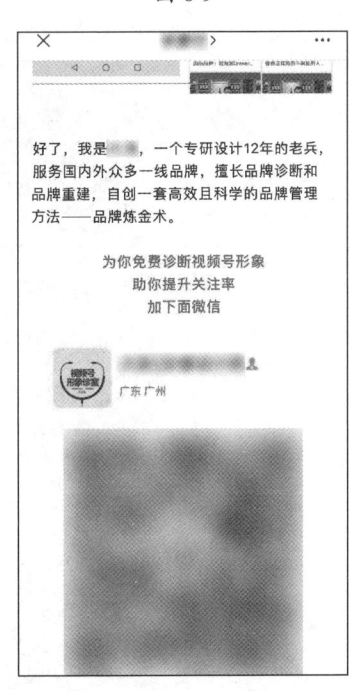

图 8-11

8.2.2 直播+小商店带货

带货路径：直播—小商店。

（1）在小商店上传商品。

（2）在直播间添加小商店的商品。

（3）通过视频或直播充分展示并介绍商品，引导用户购买。

案例：

带货路径：社群/朋友圈/视频号—直播—小商店。

带货商品：虚拟商品里的视频号咨询服务。

我在直播前两天进行了直播预告，做了一条视频和一张海报来预热宣传（如图8-12所示）。我把视频发布在视频号上，引导观众进入视频号主页预约我的直播，在海报上附加了社群的二维码，然后通过把海报转发到朋友圈、微信群等方式吸引想看直播的人加入社群。等到直播开始的时候，再把直播链接发到各个社群里。这种预热方式能最大限度地保证更多的人及时地观看直播。

图 8-12

在直播过程中，我会引导进入直播间的人把我的直播转发到朋友圈（把转发的截图发给我，我会提供一次免费的视频号诊断），通过这样的方式把直播扩散开。

同时，我在直播间添加了商品——视频号 1 对 1 咨询服务。在直播分享视频号知识的过程中，我会在合适的时候提到我的视频号咨询服务，引导观众购买，或者介绍我的视频号，引导观众关注。直播数据如图 8-13 所示。

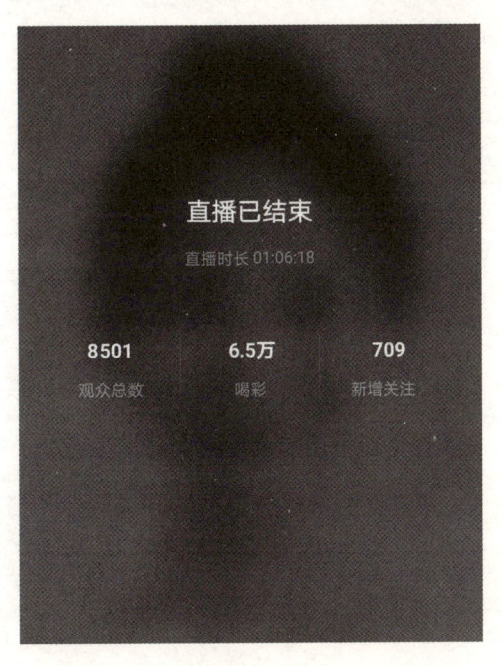

图 8-13

8.2.3 视频+小商店带货

带货路径：视频—小商店。

（1）在小商店上传商品。

（2）发布视频时在扩展链接处添加商品购买链接。

（3）在视频中引导用户单击链接。

案例：

带货路径：转链—视频—小商店。

带货商品：服务，具体来说是线上服务里的视频号咨询服务。

我做了一个介绍小商店和直播功能的视频，然后在视频下方添加了在小商店上架的视频号咨询服务，如图 8-14 所示。

小商店是小程序，截至 2020 年 10 月，还不能直接被添加在视频下方。有团队做出了转链工具——扩展链接，用它可以把小程序转化成图 8-15 所示的形式。其实从本质上来说它还是要借助公众号再跳转到小商店，只是运用这个工具可以一键生成扩展链接，不需要注册公众号、发布文章而已。

图 8-14

图 8-15

这个转链工具怎么用呢？下面介绍一下。

（1）进入我的小商店，单击右上角的"…"按钮，再单击小商店名称（如图 8-16 所示），然后单击"更多资料"按钮（如图 8-17 所示），复制账号原始 ID 和 AppID，如图 8-18 所示。

进入商品管理页面，把想要推广的那个商品的商品编号记下来，如图 8-19 所示。

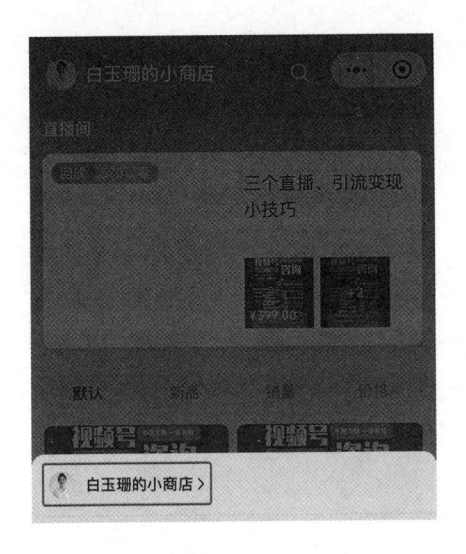

第 8 章 变现路径这么多，总有一条适合你

图 8-16

图 8-17

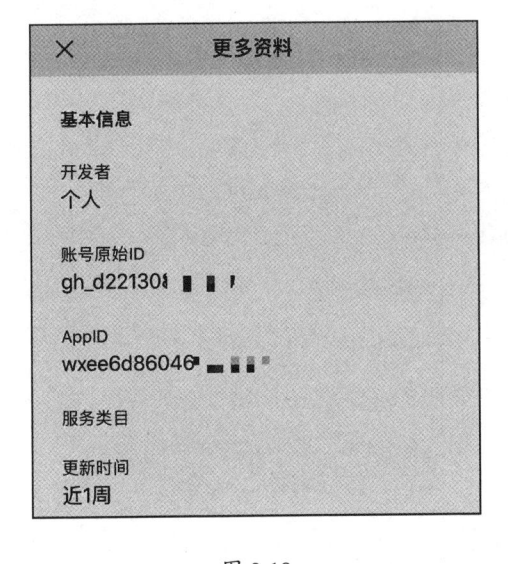

图 8-18

图 8-19

（2）在微信的搜索框中搜索"扩展链接变现"（如图 8-20 所示），然后单击"扩展链接变现"小程序。

（3）单击"小商店转换"按钮，如图 8-21 所示，把在第（1）步中复制的账号原始 ID 和 AppID 分别粘贴在图 8-22 所示的"小程序原始 id"和"小程序 appid"文本框中，单击"保存"按钮。

单击添加好的小商店，把在第（1）步中记下来的商品编号填写在"商品 ID"后的文本框中，单击"保存"按钮就可以了，如图 8-23 所示，在转链成功后复制链接，如图 8-24 所示。

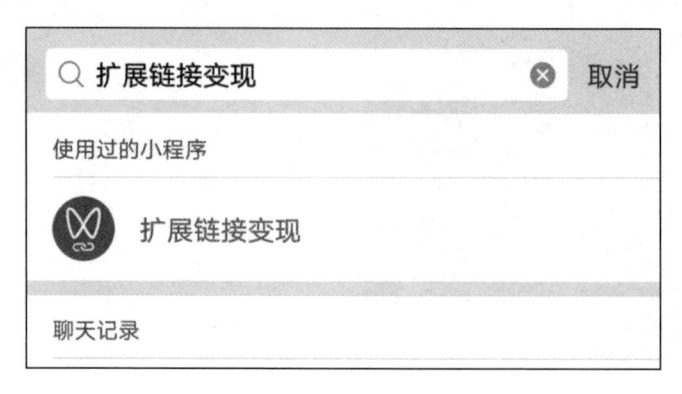

图 8-20

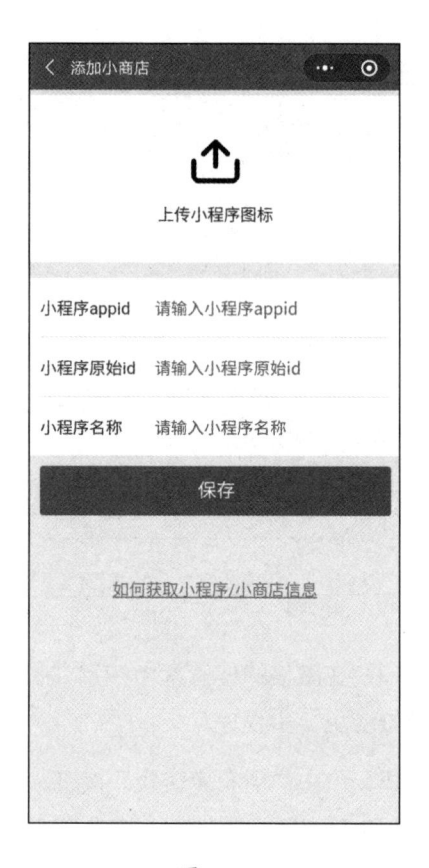

图 8-21

图 8-22

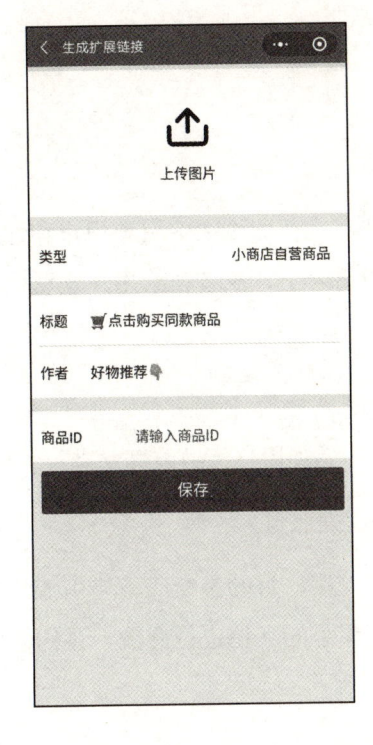

图 8-23

图 8-24

（4）在发布视频的时候，把复制的链接粘贴在扩展链接的位置就可以了，如图 8-25 所示。

图 8-25

8.2.4 视频+私信带货

带货路径：视频—引导用户和你用私信交流。

很多人没有公众号，那么可以在视频中用文字或在评论区中引导用户和你用私信交流，然后通过私信把潜在客户转化到个人微信号上，或者在给用户发私信时添加购买商品的二维码等让其进行购买。

案例：

带货路径：视频—引导用户和你用私信交流—添加用户为微信好友进行转化。

带货商品：服务，具体来说是线下服务里的美发服务。

有个发型师的视频号发布的内容是给顾客做发型，目的是给线下店引流。因为他没有公众号，所以就引导感兴趣的人和他用视频号的私信进行交流，预约做发型的时间，如图 8-26 所示。

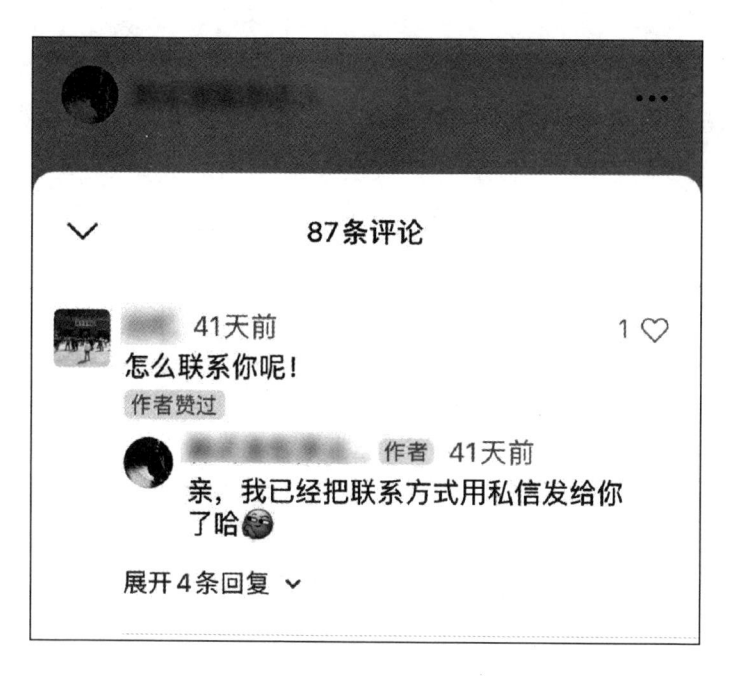

图 8-26

实战练习 41

我能通过视频号带货的商品	
带货路径设计	

8.3 广告变现

　　无论你运营的是哪种类型的视频号，在你的视频号的粉丝数或者播放量达到一定程度后，都会有广告主找你投放广告进行品牌宣传或者让你在发布视频时添加他的公众号文章链接，帮助他引流。相对来说，广告变现的周期比较长，因为它需要你的视频号做到一定体量。不过如果你本身就做自媒体运营，比如你是微博"大 V"、公众号"大 V"，那么即使流量还没有做到特别大，也会有企业因为你一直以来的影响力，而在你的视频号上投放广告。也就是说，本来就在做自媒体运营的人，更适合使用这类变现方式。

　　比如，腾讯智慧出行的新品发布会就找了一些科技类的自媒体在视频号上进行话题营销，如图 8-27 所示。

　　除了话题营销，广告形式还可以是把商品植入剧情、用口播植入商品、种草视频（直接推荐商品），你也可以把用户的视频直接投放在你的视频号中或在视频中添加用户的公众号文章链接等。

图 8-27

8.4 佣金变现

如果你的视频的流量不错，那么除了等广告主找上门，还可以主动出击，通过佣金变现。

佣金变现是指，在小商店里上架京东或拼多多上有佣金的商品，如果有人通过你的小商店购买了该商品，你就会获得相应的佣金，如图 8-28 所示。

比如，你的视频号的视频内容是剧情类的，就可以在拼多多/京东上购买佣金高的商品作为剧情里的服装或道具，然后在自己的小商店里上架这些商品，并通过 8.1.2 节讲到的方法，把商品购买链接挂在视频下方，就有可能实现变现。

这种带货方式虽然不及你在打造某个领域的影响力后再变现的转化率高（也就是信任感变现，比如你是时尚博主，销售一件你特别喜欢的衣服）。但因为你的视频号的流量大，所以即便转化率低也会有一定的收益。

图 8-28

8.5 运营视频号的心态

在本书的最后一节,我和你聊一聊做视频号运营的心态,希望你能够从视频号运营中找到运营的意义和乐趣。

8.5.1 开通视频号太晚很焦虑

正如我在第 1 章中所说,视频号经历了一个内测期,有些人在 2020 年 2 月就开通了,而有些人在 7 月才开通。很多开通晚的人就很焦虑,觉得自己已经落后太多了。

我们可以看到一些人通过微信公众号、微博、今日头条、抖音、快手取得了巨大的成功。很多人都在鼓吹你已经错过了上述这些平台，再也不能错过视频号了。确实，视频号会成就一些人，但和其他平台一样，只会成就很少的一部分人。

这可能和你的想法不太一样，你可能觉得在抖音、快手上随处可见几十万甚至上百万个粉丝的账号。有一个理论叫幸存者偏差，这也是统计学中的概念：你越认真观察眼前的真相，可能离真相越远。

你只看到了一部分幸存者，却没意识到这些幸存者只是极个别的人。任何不谈基数的成功，都没有意义。

以抖音为例，大家只会讲成功的案例，你刷到的视频也是抖音的推荐机制筛选后的视频。你看到这些视频后会觉得成功唾手可及，可与那种运营几个月就有几百万个粉丝的账号相比，图 8-29 所示的账号才是最普遍、最真实的。

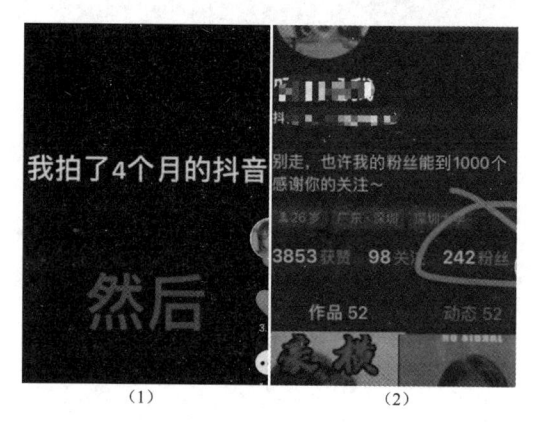

图 8-29

运营视频号也是一样的道理，哪怕你很早就开通了视频号，你能成为"大 V"的概率也微乎其微，所以你不必为晚开通而感到焦虑。如果你的内容足够好，那么晚开通也不会影响你火。

8.5.2 流量不大，坚持不下去

做视频号运营流量不大，也无法变现，要怎么坚持下去呢？我的建议是，你做视频号运营要有除了获取流量、变现以外的更纯粹的目的和意义。

比如，我做视频策划已经有三年时间了，我做视频号运营其实就是借这个机会把以前的经验梳理一下。如果有人觉得我讲得有价值，关注我的视频号，那么当然好，即使没有人关注我的视频号，我觉得做视频号运营也是一个自我提升的过程。与写笔记、做总结相比，发布视频能收到反馈，更有利于我的能力的提高，而且有一些粉丝会督促我更新，我就不会偷懒。

所以，去记录吧，先不要纠结数据方面的问题，创作或记录本身会让你发现生活的美好。你的内容很受欢迎就是意外之喜，也许可以为你打开一个新世界。总之，你在刚开始运营时不要抱有太大的期望，踏踏实实地做好你正在做的事，再用创作去丰富你的生活。

你要给自己找点乐趣，如果这个乐趣可以是玩别人为你设计的游戏，那么为什么不可以是用你自己的生活素材去创作"大片"呢？

8.5.3 粉丝数增长慢，没有信心了

为什么别人的视频号有几千甚至几万个粉丝，而你觉得自己的内容不比他们的差，但是只有几百个粉丝？很多视频号创作者都有这样的问题。其实除了内容、运营，以及一定的运气，你的视频号的粉丝数还取决于一个关键因素，就是受众基数。

比如，在我关注的视频号中，内容定位有关于建造师的、有关于英语的、有关于美食的。关于建造师的视频号面向的是特别专业的领域，关于英语的视频号面向的是所有想要在英语方面有进步的人，关于美食的视频号面向的是所有人。如果他们的内容质量、运营技巧都一样，那么粉丝数会一样多吗？显然不会。

那么应该怎么办呢？我一直都在强调，要从运营目的出发，如果你的运营目的是想做一个自媒体大号，想通过流量变现，你就要换方向，哪个方向的受众多你就做哪个方向的内容。但如果你的运营目的是建立在某个专业领域的影响力，想面向这个领域的人变现，你就不要和全平台的账号去比较，只和自己领域的账号比就可以了。

如果你的目标是你稍微努力就能达到的，你的信心和动力就会很足。比如，我说的那个内容定位关于建造师的视频号创作者，就是在看了我讲的内容后，调整了自己的心态，只和自己领域的账号比，不断优化内容。截至 2020 年 5 月，据他所说，他已经能排到细分领域的第一了（如图 8-30 所示）。

图 8-30

实战练习 42

思考并回答表格中的问题,给自己足够的信心和动力做好视频号运营。

我的视频号所在的细分领域	
比我做得好的有哪些账号	
我的目标是做到这个领域的第几,计划用多久实现	
视频号运营即使没有做好我也会有哪些收获	